中华文明突出
特性研究丛书 ··· 03

其命维新

向玉乔 —— 主编
谢 芳 —— 编著

中华文明的创新性文献选读

岳麓书社·长沙

图书在版编目(CIP)数据

其命维新:中华文明的创新性文献选读/谢芳编著. —长沙:岳麓书社,2024.4

(中华文明突出特性研究丛书/向玉乔主编)

ISBN 978-7-5538-2072-9

Ⅰ.①其… Ⅱ.①谢… Ⅲ.①文化史—文献—汇编—中国 Ⅳ.①K203

中国国家版本馆 CIP 数据核字(2024)第 089171 号

QI MING WEIXIN:ZHONGHUA WENMING DE CHUANGXINXING WENXIAN XUANDU

其命维新:中华文明的创新性文献选读

丛书主编:向玉乔
编　　著:谢　芳
出 版 人:崔　灿
出版统筹:马美著
策划编辑:刘　文
责任编辑:邱建明　包文放　鲁云云
责任校对:苏　钢
封面设计:谢　颖

岳麓书社出版发行

地址:湖南省长沙市爱民路 47 号
直销电话:0731-88804152　0731-88885616
邮编:410006
版次:2024 年 4 月第 1 版
印次:2024 年 4 月第 1 次印刷
开本:880mm×1230mm　1/32
印张:9.75
字数:216 千字
书号:ISBN 978-7-5538-2072-9
定价:82.00 元
承印:湖南天闻新华印务有限公司

如有印装质量问题,请与本社印务部联系
电话:0731-88884129

总序

坚定中华文明自信

实现中华民族伟大复兴是全体中国人民的共同心愿。伟大复兴之大局与世界百年未有之大变局复杂交织,中华民族的复兴之路必定充满挑战和坎坷。要实现伟大复兴,中华民族应该坚持以习近平新时代中国特色社会主义思想为指导,坚持中国共产党领导,展现应对复杂国际局势和巨大风险挑战的决心、智慧和能力,坚定道路自信、理论自信、制度自信、文化自信、文明自信、历史自信。文明自信是最核心、最重要的自信,是中华民族道路自信、理论自信、制度自信、文化自信、历史自信的轴心和支柱,能够为中华民族实现伟大复兴提供正确思想理念引领、正确价值观念引领和正确理想信念引领。

一、中华文明因中华民族而兴

中华民族是中华文明的创造者、传承者和发展者，是中华文明的主体，其创造、传承和发展中华文明的主体性不容置疑。中华文明之所以具有强大影响力、感召力、塑造力、引领力、凝聚力、辐射力、发展力，这首先得力于中华民族的文明主体性。没有中华民族的文明主体性和积极创建文明的主体作用，就没有中华文明的繁荣发展。

中华民族的文明主体性是在创造、传承和发展中华文明的历史进程中锤炼而成的。中华民族在中华大地上繁衍生息，开天辟地，战天斗地，砥砺前行，积极进取，奋发图强，展现了自立、自强、自信的集体性精神品质，形成了无比强大的文明主体性，建构了具有突出连续性、创新性、统一性、包容性、和平性的中华文明，为人类文明进步做出了卓越贡献。

中国共产党的坚强领导极大地增强了中华民族的文明主体性。中华民族创造了辉煌灿烂的古代文明，尤其是凭借四大发明闻名于世，古代中国也因此而位居世界四大文明古国之列，但由于在明清时期故步自封、夜郎自大、缺乏国际视野，中华文明在近代陷入前所未有的生存危机。中国共产党在国家蒙辱、人民蒙难、文明蒙尘的紧要关头诞生，将马克思主义引入中国，正确认识和处理马克思主义与中国国情、中华文化的关系问题，坚持把马克思主义基本原理同中国具体实际相结合、同中华优秀传统文化相结合，上下求索，积极作为，开创了中华文明发展新局面。在中国共产党坚强领导下，中华民族的文化自信和文明自信空前高涨。

党的十八大以来，习近平同志高瞻远瞩，对中华民族伟大复兴战略全局和世界百年未有之大变局复杂交织的国内外形势作出正确判断，"对关系新时代党和国家事业发展的一系列重大理论和实践问题进行了深邃思考和科学判断，就新时代坚持和发展什么样的中国特色社会主义、怎样坚持和发展中国特色社会主义，建设什么样的社会主义现代化强国、怎样建设社会主义现代化强国，建设什么样的长期执政的马克思主义政党、怎样建设长期执政的马克思主义政党等重大时代课题，提出一系列原创性的治国理政新理念新思想新战略"[1]，创立了习近平新时代中国特色社会主义思想。习近平新时代中国特色社会主义思想是中国式现代化和新时代中国特色社会主义建设事业的指导思想，是建设中华民族现代文明和推动构建人类命运共同体的指导思想。自从有了习近平新时代中国特色社会主义思想的正确指导，中华民族以更加自信、更加豪迈的态度推进中国式现代化、新时代中国特色社会主义、中华民族现代文明和人类命运共同体建设，并且在各个领域取得显著成效和巨大成就。

中华民族的文明主体性是中华文明繁荣发展的根本支撑。它凝结着中华民族创造、传承和发展中华文明的自觉性、能动性、创造性，体现了中华民族坚持铸牢民族共同体意识、坚持始终如一、坚持多元一体、坚持团结奋斗、坚持同生共荣、坚持心系世界、坚持造福全人

---

[1] 中共中央关于党的百年奋斗重大成就和历史经验的决议[M].北京：人民出版社，2021：25—26.

类的集体品格，彰显了中华民族以理服人、以文服人、以德服人的文明观。

二、中华民族因中华文明而荣

中华文明是中华民族的根和魂。它一旦形成，就一直为中华民族源源不断地提供思想理念引领、价值观念引领和理想信念引领，是中华民族发展壮大、行稳致远的强大精神支撑。

伟大的中华文明造就了伟大的中华民族。一个民族主要是因为它创造了伟大文明而变得伟大。中华文明源远流长、博大精深，具有广泛而强大的国际影响，这不仅说明它具有不容忽视的巨大价值，而且给中华民族带来了耀眼夺目的荣光。

中华文明的悠久历史赋予中华民族深切的历史感。一个民族不能没有文明历史感。文明历史感不仅是一种集体记忆，而且是人类生存意义的主要来源。一个没有文明历史感的民族是无法找到其生存意义的。在当今世界，很多民族因为文明中断而缺乏文明历史感。中华文明历史悠久，不仅仅给中华民族提供了精深厚重、丰富多彩的历史记忆，更重要的是为中华民族提供了深厚而强烈的历史感和生存意义感。

中华文明的持续发展赋予中华民族巨大的成就感。每一个民族都需要有成就感。巨大的成就感，不仅让一个民族具有光荣的集体记忆，而且能够为它的进一步发展提供强大动力。有些民族可能将自己的成就感建立在占领其他民族的领土上，有些民族可能将自己的成就感建立在遏制其他民族的发展上,有些民族可能将自己的成就感建立在民族利己主义行径上,而真正能够让一个民族具有最大成就感的是它所创造的文明。伟大的中华文明是中华民族弥足珍贵的传家宝,是中华民族成就感的根本来源。

中华文明的思想精髓赋予中华民族强烈的幸福感。并非每一个民族都能够享有历史悠久、底蕴深厚、一脉相传的文明。中华文明源远流长、赓续不断、精深厚重,蕴藏于中华优秀传统文化、中国革命文化和中国社会主义先进文化之中,是一个取之不尽用之不竭的智慧宝库,能够给中华民族提供正确世界观、历史观、国家观、人生观、价值观、文明观的启迪,能够给中华民族提供理论智慧和实践智慧的启迪,能够给中华民族提供自强不息、厚德载物、与人为善、以和为贵、团结奋斗、共同发展、胸怀天下、登高望远的道德观启迪。

中华文明是中华民族的共有精神家园。它是中华民族集体记忆的核心内容,是中华民族开拓精神、创造精神、奋斗精神、革命精神、改革精神、伦理精神的结晶,是中华民族生存经验和发展智慧的精华,是中华文化的精髓。只要秉着虚心向先辈学习、向过去学习、向历史学习、向传统学习、向记忆学习的正确态度,我们就能够不断从中华文明中汲取正确看世界的思想智慧、安身立命的人生智慧和造福人民的治国理政智慧。

三、中国因中华文明而强

文明强,则国强;文明弱,则国弱。中华文明的历史演进跌宕起伏，中国的发展历史也呈现为一个时强时弱的过程。中国的发展状况与中华文明的发展状况密切相关，中国的命运也总是与中华文明的命运紧密相连。

中华文明是中国发展状况的风向标。每逢重大历史事件，中国的状况都会通过中华文明的存在格局得到集中体现。经过春秋战国时期的长期战乱，饱受战乱之苦的中华民族渴望实现国家统一，中华文明的统一性对中华民族发挥了价值引领作用，这是秦始皇能够统一中国的民心基础、思想基础。时至近代，外国列强的轮番侵略曾经让中华民族的文明自信受到严重打击，这是中国陷入近代危局的最深层原因。当然，随着中华民族重拾文明自信，中国最终又摆脱了危机，再次雄踞世界东方。

中华文明是中国心。在中国，每当张明敏的爱国主义歌曲《我的中国心》唱起，中华儿女就会热血沸腾、群情激昂。之所以如此，是因为爱国主义是中华民族精神的核心，也是中华文明的核心。中华文明培养了屈原、岳飞、文天祥、戚继光、郑成功、林则徐、李四光、钱学森等伟大爱国者，培养了孙中山、毛泽东、朱德、周恩来、刘少奇等为中国发展鞠躬尽瘁的革命家，培养了蔡和森、缪伯英、杨开慧、刘胡兰等为救国救民而光荣牺牲的革命烈士。他们是中国的脊梁，是中华文明精神的杰出代表。

中华文明是中国魂。中华文明具有物质文明、政治文明、精神文明、社会文明、生态文明等多种形态，但贯穿于这些文明形态之中的是中华民族在历史上形成的正确思想理念、价值观念和理想信念。由于具有正确思想理念、价值观念和理想信念的引导，中国总是能够站在历史正确的一边来谋求自身的发展，总是能够在谋求自身发展的同时心系人类的命运和世界的前途，总是能够坚定不移地走和平发展道路。

中华文明是中国的精神支撑。中华文明在，中国心就在，中国魂就在。国家强大时，中华文明会引导中华民族学习水的美德，做人如水，谦虚谨慎，戒骄戒躁，善利万物而不争，多做有利于人类文明进步的善事，而不是霸道逞强、恃强凌弱、横行天下。国家衰败时，中华文明会引导中华民族学习山的美德，做人如山，坚韧挺拔，自强不息，团结奋斗，积极作为，而不是悲观绝望、自暴自弃、无所作为。无论处于顺境还是逆境，中华民族都能够从中华文明中获取自立、自强、自信的精神力量，都能够从中华文明中获取建设强大国家的不竭动力。中华文明是伟大的中华民族建设伟大中国的底气、志气和骨气所在。

中华文明给中国注入的主要是精神力量，这就是强大的中国精神。中国精神是中华文明的精神内核，是具有中国特色的思维方式、思想理念、价值观念、理想信念、文化传统、实践智慧等构成的一个集体性精神体系，是中华民族繁衍发展、不断壮大的强大精神支撑。它包括阴阳对立统一的辩证思维、尊天法地的思想理念、以德为本的价值观念、求大同的理想信念、以伦理为主导的文化传统、实事求是的实践智慧等等。

四、世界因中华文明而利

中华民族是人类大家庭的重要成员，中国是世界共同体的重要组成部分，中华文明是人类文明体系的重要内容。中华文明的发展状况，不仅决定着中华民族和中国的历史、现状和未来，而且与人类大家庭、世界共同体、人类文明体系的历史、现状和未来息息相关。

古代中国的四大发明不仅极大地提高了世界科技水平，而且从根本上影响了人类文明的发展格局。造纸术、指南针、火药、印刷术的发明及其在世界范围内的广泛传播，既造福中国人民，也造福其他国家的人民。

古代中国的丝绸之路不仅加强了中国与其他国家的经贸往来和文化交流，而且促进了人类文明的交流互鉴。中国的丝绸、茶叶、瓷器等商品通过丝绸之路输送到亚洲、欧洲国家，让很多国家的人民共享了中华文明发展的成果。

当今中国的改革开放不仅从根本上激发了中国人民的创造智慧和能力，而且拉动了世界经济的增长。通过改革开放，中国人民实现了"富起来"的发展目标，迎来了"强起来"的光明前程，拥有了前所未有的存在感、获得感和幸福感，同时为世界经济增长提供了巨大动力，给世界人民带来了巨大福祉。中国制造的商品遍布世界各国，使世界各国人民分享到了中国经济发展的丰硕成果。

中国全面建成小康社会为世界消除贫困做出巨大贡献。贫困是困扰人类的全球性问题。消除贫困是世界各国人民的共同愿望。十四亿多中国人民在中国共产党的坚强领导下完成脱贫攻坚重任，整体迈入小康社会，致力于追求全体人民共同富裕的美好生活，既极大地减轻了世界消除贫困的压力，又为其他国家解决贫困问题提供了可借鉴的成功经验。

中国坚持走和平发展道路是世界的福音。中华文明是和平型文明。中华民族具有以和为贵的思想传统，也一直坚持走和平发展道路。中国式现代化是走和平发展道路的现代化。中国不谋求通过战争、殖民、掠夺等方式实现现代化，坚持高举和平、发展、合作、共赢旗帜，坚决维护世界和平，致力于推动构建共商共建共享的全球治理体系，以自身的和平发展增进世界和平、促进世界发展，为世界人民享有和平做出重要贡献。

推动构建人类命运共同体的中国方案为世界发展指明了正确方向。在当今世界，单边主义、极端利己主义、霸权主义大行其道，加剧了国与国、民族与民族之间的矛盾和冲突，使世界陷入严重的分裂和动荡。在此国际背景下，中国提出构建人类命运共同体的方案，主张弘扬和平、发展、公平、正义、民主、自由的全人类共同价值，倡导多边主义、共同发展和文明交流互鉴，全力维护国际公平正义，呼吁世界各国重视解决日益加剧的和平赤字、发展赤字、安全赤字、治理赤字问题，为世界未来发展指明了正确方向。

世界因中华文明而利。中华文明具有突出的友好性、包容性、和平性，是友好型文明、包容型文明和和平型文明。这样的文明塑造了中华民族热爱和平、维护和平、坚持走和平发展道路的本性，塑造了中国反对一切形式的霸权主义和强权政治、反对冷战思维、反对干涉别国内政、反对搞双重标准以及主张尊重各国主权和领土完整、尊重国家平等、尊重各国人民自主选择发展道路和社会制度的品格，既有利于增进世界和平、促进世界共同发展、提高人类福祉，又有利于引导人类文明进步、加强世界文明交流互鉴、提升整个世界的文明水平。

目录

001　**导论**

013　**第一章　苟日新、日日新、又日新的创新思维**
015　第一节　天下日生，君子日动
024　第二节　推陈出新，吐故纳新
031　第三节　学思结合，守正创新

039　**第二章　不惧新挑战、勇于接受新事物的精神品格**
041　第一节　修身正己，致知于行
055　第二节　不惧挑战，不畏磨难
065　第三节　自我发展，开创新局

074　**第三章　不断进步、不断发展的物质文明**
076　第一节　农业技术，砥砺创新
086　第二节　手工技艺，迭代更新

| 104 | 第三节 | 科学理论，迭出新见 |

112	**第四章**	**因时制宜、变法维新的政治文明**
114	第一节	行政制度，与时俱进
126	第二节	中华法系，独树一帜
138	第三节	选拔机制，不断创新
152	第四节	用兵之道，出神入化

160	**第五章**	**守正不守旧、尊古不复古的传统观**
162	第一节	观今宜鉴古，无古不成今
167	第二节	天变不足畏，祖宗不足法
175	第三节	有经必有权，有法必有化

| 184 | **第六章** | **穷则变、变则通、通则久的发展观** |
| 186 | 第一节 | 穷神知化，德之盛也 |

193　第二节　因时而变，随事而制
206　第三节　创新发展，以民为本

218　**第七章　求真务实、开拓创新的学术观**
220　第一节　通古今之变化，求真务实
233　第二节　立时代之潮头，树德建言
243　第三节　发思想之先声，创立新说

251　**第八章　革故鼎新、推陈出新的文明观**
253　第一节　天道尚变，仁道精进
267　第二节　新故相推，日生不滞
275　第三节　周虽旧邦，其命维新

288　**参考文献**

导论

2023年6月2日,习近平总书记在北京出席文化传承发展座谈会并发表重要讲话。习近平总书记指出:"中华文明具有突出的创新性。中华文明是革故鼎新、辉光日新的文明,静水深流与波澜壮阔交织。连续不是停滞、更不是僵化,而是以创新为支撑的历史进步过程。中华民族始终以'苟日新,日日新,又日新'的精神不断创造自己的物质文明、精神文明和政治文明,在很长的历史时期内作为最繁荣最强大的文明体屹立于世。中华文明的创新性,从根本上决定了中华民族守正不守旧、尊古不复古的进取精神,决定了中华民族不惧新挑战、勇于接受新事物的无畏品格。"

文化是民族的血脉,是人民安身立命的精神家园。中华优秀传统文化积淀着中华民族最深沉的精神追求和价值坚守,代表着中华民族独特的精神标识,是中华民族繁衍不息、发展壮大的丰厚滋养。在五千年历史长河中,伟大的中华民族创造出了辉煌灿烂的历史与文明,创新思维和创新精神活跃于中华民族形成与发展的各个历史时期,呈现于中华文明从思想到器物、从制度到文化、从艺术到科技的各个方面。中华文明以其独特创新的精神文明、物质文明和制度文明,为世界文明发展作出了卓尔不凡的突出贡献。精神文明、物质文明、制度文明等领域一系列具有世界意义的创新性成果,无不彰显着这个伟大文明突出的创新性特质,同时也形塑了中华民族自强不息、厚德载物、改革创新的精神品格。

"问渠那得清如许?为有源头活水来。"蓬勃发展、生机盎然的中华文明,其活力之源就在于它与生俱来的创新性思维。中华文明之所以能够绵延五千多年而从未中断,在世界文明中焕发光芒,展现出勇毅品格和蓬勃生机,与其始终坚持推进文明的发展创新密不可分。中华民族五千多年的文明史就是一部锐意进取、因时而变、革故鼎新、积极向上向善的历史。中华民族历来具有创新基因,古代经史子集中关于创新的名言名句不可胜数:"天下日生,君子日动"的辩证宇宙观,"以不息为体,以日新为道"的哲学智慧,"苟日新,日日新,又日新"的自我要求,共同铸就了中华民族勇于推陈出新、吐故纳新的斗争精神以及学思结合、守正创新的价值坚守。创新精神是中华民族最深沉的民族禀赋,正因为这一禀赋,中华文明能够顺势迁移、应物顺化、与时偕行,为中华文明在历史上长期居于世界领先地位提供了持久而深沉的精神力量。

首先,中华文明的创新思维和创新精神源于中华民族与生俱来的不惧新挑战、勇于接受新事物的精神品格。习近平总书记指出:"中华民族是历经磨难、不屈不挠的伟大民族。"中华民族是一个苦难深重的民族,历史上经历过很多磨难,但从来没有被压垮过,而是愈挫愈勇,不断在磨难中成长、从磨难中奋起、于涅槃中重生。其动力源泉在于,中华民族具有不惧新挑战、勇于接受新事物的无畏品格,具有不畏艰险、迎难而上的强大勇气,有着顽强的自我恢复和自力更生的能力,呈现出变通达久的智慧和自强不息的活力。《周易》说"天行健,君子以自强不息";《道德经》说"胜人者有力,自胜者强";孔子说"岁寒,然后知松柏之后凋也";荀子在《天论》中说"天行有常,不为尧存,不为桀亡",与其"从天而颂之",不如"制天命而用之",与其"慕其在天者",不如"敬其在己者"。中华民族这种"人定胜天"的思想,激励着一代又一代的华夏子孙英勇地同频发的自然灾害和不公的命运进行顽强抗争,栉风沐雨,砥砺前行。中华民族先祖创造的无数历史伟业,共同演绎了中华民族秉承儒家内圣外王之道而严格自我修养、坚忍不拔、自强不息、开拓创新的精神品格。

中华民族自古以来,"忙处事为,常向闲中先检点,过举自稀;动时念想,预从静里密操持,非心自息",就有修身正己、刀刃向内自我革新的担当;"犯其至难而图其至远",也有不惧挑战、不畏磨难的坚强毅力;"为者常成,行者常至",也有知行合一的品质;"命由我作,福自己求",更有自我发展、开创新局的强大气魄。从盘古开天、神农尝百草、夸父追日的神话传说,到屈原的"路曼曼其修远兮,吾将上下而求索",再到荀子"义之所在,不倾于权,不顾其利"的志向理念,中华民族不畏艰辛、迎难而上、勇于追梦的价值追求,滋养着中华民族守正创新的勇毅气概与执着精神。勤劳的中国人民以探索进取的勇气和气吞山河的豪气,谱写了一篇又一篇自强不息、顽强奋进的壮丽史诗,并支撑着中华民族从远古走到今天、从历史迈向未来。

其次,中华民族的创新思维和创新精神源于"守正不守旧、尊古不复古"的辩证传统观。《增广贤文》中"观今宜鉴古,无古不成今"的谆谆教诲,是我们对中华民族先祖的崇敬和传承。中华民族历来就高度重视历史,强调尊重历史,赓续传统经典。《韩诗外传》有"故殷可以鉴于夏,而周可以鉴于殷"之论。《晋书》有"前车之覆轨,后车之明鉴"的教导,唐太宗提出"以古为鉴,可知兴替"的重要命题,司马光为继承传统经典主持编纂了中国第一部编年体通史《资治通鉴》,以上史实和言论无不表明了中华民族"有鉴于往事,有资于治道"的优良传统。我们学习传统,但并不拘泥于传统,我们尊古,但不泥古。中华民族不仅是继承传统的典范,也是打破传统、敢于创新的典范,"天变不足畏,祖宗不足法,人言不足恤"的变法宣言,"治世不一道,便国不法古"的革新意识,无不彰显了中华民族辩证对待传统文化的思维方式和敢于创新的政治勇气。中华民族有经有权、有法有化的哲学智慧，始终是推动中华文明在继承中发展、在发展中创新的巨大力量。"如何依傍余光里，愿被风流古至今"，中华优秀传统文化是中华民族的突出优势，是我们最深厚的文化软实力，传承和弘扬中华优秀传统文化，我们绝不能抱残守缺、复古守旧，必须坚持古为今用、推陈出新。

另次，中华民族的创新思维和创新精神源于"穷则变，变则通，通则久"的辩证发展观。《周易·系辞下》中记载"神农氏没，黄帝、尧、舜氏作，通其变，使民不倦，神而化之，使民宜之。易，穷则变，变则通，通则久。是以'自天祐之，吉无不利'"。"变"是宇宙运动变化的普遍性和永恒性规律，"通"是运动变化的连续性和事物之间的关联性，"久"是事物运动变化后的相对稳定状态。这段话深刻地揭示了《周易》关于事物运动、发展、变化的哲理，蕴含着我国古人可贵的辩证法和进化思想。《晋书·宣帝纪》中记载着唐太宗"天地之大，黎元为本"的著名论断，黄宗羲《明夷待访录·原臣》中"盖天下之治乱，不在一姓之兴亡，而在万民之忧乐"的经典名句，无不彰显着中华文明以民为本的创新发展理念。

"穷则变，变则通，通则久"的发展观深入中国传统社会各个方面。变通而图存，在发展受阻时，中华民族总是善于打破不合时宜的老规矩，灵活变通，最后找到发展的新出路。司马迁著《史记》旨在"通古今之变"，其中的《平准书》与《货殖列传》就是根据各地自然物产的实际情况及人们追求财富的本性，来分析和谋划经济发展；王安石变法颇有变通精神，其出台措施不是基于先祖古法，而是根据北宋当时冗兵和行政效能低下，以及财税收支贫乏的经济现实提出的革新策略；当清朝闭关锁国而走入死胡同时，维新派以"穷则变"的古训为依据，阐述变法图存的道理，提出"变则通，通则存，存则强""变者，古今之公理"的变法口号，掀起了轰轰烈烈的维新变法运动，在近代中国起到了思想启蒙的作用。

再次，中华民族的创新思维和创新精神源于中华民族革故鼎新、推陈出新的文明观。中华文明以与时俱进的突出创新性，显示出强大的环境应变能力和时代拓展力。"天道尚变，仁道精进"的哲学智慧，涵养着"新故相推，日生不滞"的历史发展理念，催生着"周虽旧邦，其命维新"的社会变革思想。从汤武革命、顺天应人，到春秋管仲改革、相地而衰征，再到商鞅变法、为秦开帝业，以至北魏孝文帝改革、北宋王安石变法、明朝张居正改革、近代辛亥革命等，在漫长的历史进程中，中华儿女始终秉承革故鼎新、推陈出新的理念，不断推动中国社会变革、进步，中华民族走过了不同于世界其他文明的波澜壮阔又异常艰难的革新发展历程。

最后，中华民族的创新思维和创新精神源自传统优秀知识分子求真务实、开拓创新的学术追求。"文章合为时而著，歌诗合为事而作"，中华传统文化思想中蕴含的重使命、崇道德、求实用、尚求实、贵创新的优秀精神，对国人的思维方式、价值观念、人格精神有着重要而深远的影响。"文运同国运相牵，文脉同国脉相连。"一个国家、一个民族的强盛，总是以文化兴盛为支撑。自古以来，我国知识分子就有"为天地立心，为生民立命，为往圣继绝学，为万世开太平"的志向和传统，从南宋至今，无数仁人志士也都把张载的"横渠四句"作为远大理想和政治抱负。历代文人志士皆心系祖国，展现出矢志不移的报国豪情，其心怀爱民忧民的深切情感，成为中华民族经久不衰的文化传统，贯穿中国思想文化的始终。古代一切有理想、有抱负的思想家都有追求经世致用、为民报国的政治抱负，他们勇于立时代之潮头、通古今之变化、发思想之先声，积极为国家民族述学立论、建言献策，担负起历史赋予的光荣使命。

以创新思维和创新精神为思想核心的中华民族，既创造了伟大的精神文明，也创造了伟大的物质文明和政治文明。回望中华民族五千多年的文明发展史，在物质文明和制度文明等方面都取得了显著而长足的发展，为中华民族文化长长久久的绵延，为中华民族伟大复兴梦想的实现，奠定了坚实的物质和制度基础。

古代的中华物质文明一直处于迭代更新的状态。作为历史，它承载了中华民族的生活习性、情感依托、审美志趣、礼仪制度和人文思想；作为营养，它能为今天的中国人提供身份认同与情感归属，开启历史记忆与回溯，并在全球化时代中，于中国人民身上打上鲜明的中国特色的烙印。

中国古代科学技术史是中华物质文明的重要组成部分，是中华民族认识、利用自然，和谐发展的历史。根据《中国大百科全书》记载，中国历史上的科学技术在生产实践中不断创新发展，经过夏、商、周三代的发展，在秦汉时期形成自己的范式，其后经历了南北朝、北宋和晚明三次高峰期。

在几千年的文明发展进程中，中华民族创造了闻名于世的科技成果，在农、医、天、算等方面形成了系统化的知识体系，取得了以四大发明为代表的一大批发明创造成果。马克思指出："火药、指南针、印刷术——这是预告资产阶级社会到来的三大发明……总的来说变成科学复兴的手段，变成对精神发展创造必要前提的最强大的杠杆。"中华文明科技的发明创造起始于距今二百万余年前的石器制造，此后在耕牧、建筑、纺织和冶金等技术方面有重大创新，奠定了文明古国的深厚底蕴。从公元三世纪到公元十六世纪，中国传统科学技术长期处于世界发展前列，持续千年以上。正如英国科学家李约瑟所言，中国在公元三世纪到公元十三世纪之间，保持着一个西方所望尘莫及的科学知识水平。他在《中国科学技术史》中，详细介绍和讨论了"古代和中世纪中国非凡的发明创造能力和对自然的洞察力"[1]，以及中国的多个"世界第一"。美国著名科技史学者罗伯特·坦普尔撰写的《中国：发明与发现的国度——中国科学技术史精华》中，以通俗、流畅的文笔展示了中国古代辉煌的科技成就，介绍了中国古代科技史上无数例

---

[1] 罗伯特·坦普尔：《中国：发明与发现的国度——中国科学技术史精华》，21世纪出版社，1995年，英文版序言第4页。

的世界第一。罗伯特·坦普尔通过比较研究，惊奇地得出这样一个结论，即"'现代世界'赖以建立的种种基本发明和发现，可能有一半以上来源于中国"①。他在序言写道："中国人和西方人一样都会惊讶地看到，近代农业、近代航运、近代石油工业、近代天文台、近代音乐，还有十进制数学、纸币、雨伞、钓鱼竿上的绕线轮、独轮车、多级火箭、枪炮、水下鱼雷、毒气、降落伞、热气球、载人飞行、白兰地、威士忌、象棋、印刷术，甚至蒸汽机的基本结构，全部源于中国。"②他热情洋溢地评价道：如果没有从中国引进航海技术，欧洲绝不会有导致地理大发现的航行；如果没有从中国引进造纸术和印刷术，欧洲可能要更长期地停留在手抄书本的状况，书面文献就不可能如此广泛地传播……同时罗伯特·坦普尔进一步认为，奠定工业革命基础的欧洲农业革命，只是由于引进了中国的思想和发明才得以实现，分行耕种、强化除草、种子条播、铁犁等技术，都是从中国引进的，中国的先进耕种方法比古代欧洲早了两千余年。

物质文明和科学技术发展的辉煌成就，充分证明了创新是推动中华文明进步的根本动力，创新性是中华文明的突出特性。

中华民族具有不断创新、与时俱进的政治文明，政治文明建设是一种自觉推进政治文明水平提高的过程，

---

① 罗伯特·坦普尔：《中国：发明与发现的国度——中国科学技术史精华》，21世纪出版社，1995年，中文版序言第2页。
② 罗伯特·坦普尔：《中国：发明与发现的国度——中国科学技术史精华》，21世纪出版社，1995年，第11—12页。

集中地体现了中华民族政治行为的自觉性和主动精神。政治文明的核心是制度文明，政治文明发展与制度创新是同一过程。中华民族创造了世界领先的制度文明，在行政管理体制、法律制度、人才选拔机制及用兵机制等方面都是不断改革创新发展的，而且在持续推陈出新中维系着中国古代制度文明的连贯性与整体性，为中国传统社会的长期延续和发展提供了坚实制度支持。

制度文明是处理各种社会关系、有效管理社会的规范体系成果，主要功能在于满足人们的社会生活需求、维护社会秩序、保障人们生命和财产安全等，包括政治制度、法律制度、治理体系等。我国制度建设源远流长。《周易》中就记有"节以制度，不伤财，不害民"，大意就是以典章制度为节制，就不会伤财害民。我国古代地方行政制度历经多次变革：周朝实行分封制；秦朝统一中国后，除都城设内史管辖外，在地方上采用郡县制，将全国划分为三十六个郡，郡下设县；汉承秦制，早期实行郡县与封国并行的制度，武帝以后直到东汉末期基本上采用郡县制；东汉末期到魏晋南北朝时期，在郡、县两级之上设州一级地方政权建制，形成州—郡—县的三级行政区划制度；元代确立行省制度，行省成为州、府之上的地方行政区。这些变化反映了我国古代治理体系的创新发展，集中体现了我国古代先祖的治理智慧。

法律文化也随着社会发展不断进步。西周至春秋与战国至秦朝之际，我国古代法律文化曾发生大变革，辛亥革命前后资产阶级法律文化进一步取代了封建法律文化。中华法系中所蕴含的中华优秀传统法律文化，体现了中华民族的非凡创制能力与法律智慧。内涵丰富、特点鲜明、影响深广的中华法文化体系，形成了世界法制史上独树一帜的中华法系，积淀了深厚的法律文化。

我国历代王朝都重视对人才的选拔，并因时制宜，创新了多种人才选拔的机制，其中主要的有禅让制、世袭制、荐举制、任子制、恩荫制、军功制、吏进制及科举制，其中世袭制、荐举制和科举制的影响最为深远。隋朝创立的科举制，经过唐朝进一步完善，成为中国古代社会选拔人才的基本制度，影响中国历史一千三百年。

创新始终是推动一个国家、一个民族向前发展的重要力量，也是推动整个人类社会向前发展的重要力量。回望中华民族五千多年的文明发展史，无论是物质文明、制度文明，还是精神文明，都是发扬创新精神所取得的成果。在改革创新的道路上，中国人民以卓绝的创新品格谱写了中华民族波澜壮阔的壮丽史诗，形塑了中国人看待自身、看待社会、看待世界的独特价值体系，更直接影响着当代之中国关于自身持续发展道路的选择。历史充分证明，中华民族是具有伟大创新精神的民族，中华文明具有突出的创新性。中华民族正是在持续推陈出新中维系着中国古代文明的连贯性与整体性，为中国社会的绵延与发展提供了坚实的精神和智力支持。

"见字如面，相认千年。"在中华民族五千年发展实践中，产生了无数的经典著作和传世名句，它们忠实地记载着中华民族以"周虽旧邦，其命维新"之求变革新精神所创造的恢宏历史，记载着中华民族以"苟日新，日日新，又日新"的变革创新精神推动着中华民族从历史深处走来、走向世界、走向未来的宏伟历程。这些经典瑰宝，无不在向世人传达着中华民族不惧挑战、不畏苦难、自强不息、革故鼎新、推陈出新、开拓创新的伟大精神品格！筚路蓝缕，以启山林。中华文明经典璨若星河，我们只能于浩瀚史海中钩沉拾贝。诚望本书摘录的只字片语，能拓展我们对中华文化的认知，增强我们对中华文明的认同，激起我们对伟大中华民族和中华文明的无限热爱、自信与自豪！

第一章
苟日新、日日新、又日新的创新思维

作为一种思维方式与思维品格，创新是中华民族进步的灵魂，是中华民族兴旺发达的不竭动力，更是中华民族最深沉的民族禀赋。中华文明能够历经五千余年历史变迁始终保持生机活力，得益于中华优秀传统文化熏陶下形成的革故鼎新、推陈出新、与时俱进的精神气质。苟日新、日日新、又日新，是中华文明源远流长的内生动力。自古以来，中华文明在继承创新中不断发展，在应时处变中不断升华，在正本清源、守正创新中取得历史性成就，发生历史性变革，积淀着中华民族最深沉的精神追求。中华文明作为世界四大古代文明中唯一没有中断的文明，突出的连续性决定了建设中华民族现代文明必须在传承发展中华优秀传统文化的基础上守正创新，无论遇到何种艰难险阻都要积极面对、寻求解决之道。中华民族的创新思维主要体现在：天下日生、君子日动的哲学智慧；革故鼎新、温故知新、返本开新、推陈出新的创新方法，既敢于主动打破制约文明发展的桎梏和束缚，革除自身不符合时代发展要求的落后的东西，实现文明的自我修复和自我更新，又善于在坚守中华民族优良传统和文化根基的基础上，结合时代条件进行创新创造；学思结合、守正创新的价值坚守，为创新实践奠定人文底蕴，保证创新方向，以中华民族特有的正气和锐气，赓续历史文脉、谱写时代华章。

第一节　天下日生，君子日动

1. 天下日动而君子日生，天下日生而君子日动。动者，道之枢，德之牖也。(《船山全书·周易外传》)

这段话出自于明末清初伟大思想家王夫之的《周易外传·系辞下传》。王夫之指出，"运动"乃是宇宙本质特征，物质世界具有自己运动的能力，运动是绝对的，静止是相对的。"太虚者，本动者也。动以入动，不息不滞。""太虚"，指广大的太空。"太虚即气，絪缊之本体。"(《张子正蒙注·太和篇》)太虚本动就是说气具有自己运动的能力。气之所以能够自己运动，是因为内部具有阴阳两种不同的势力，它们互相感应就成了气自我运动的动因。气中的阴阳对立和气一样是永恒存在的，所以运动也是永恒存在的。运动既是自然的本质属性，也是人的本质属性，君子只有自强不息，才能进德不止。这段话告诉我们：宇宙在不断运转、变化，人们的思想也要不断更新、发展。

2. 以不息为体，以日新为道。（《问大均赋》）

这段话出自唐代诗人刘禹锡的《问大均赋》。刘禹锡因一首"紫陌红尘拂面来，无人不道看花回。玄都观里桃千树，尽是刘郎去后栽"的诗歌"语涉讥讽"，被贬为连州刺史四年半，而连州人却"因祸得福"，因为刘禹锡给连州留下了大量的诗文和遗迹，还开创了连州重文兴教的传统。刘禹锡的治学精神与哲学思想充分体现于他在连州所创作的诗歌与文赋中，而《问大钧赋》则更能表现刘禹锡的这种思想情怀，赋中的"以不息为体，以日新为道"之朝气蓬勃、奋发不息的精神，以及赋中的唯物主义哲学思想，激励了连州的许多人勇于进取、顽强拼搏，同时也激励了许多中国的有识之士紧跟时代的脉博，积极努力向前。这段话就是强调人的主观能动性，倡导积极向上的人生态度，突出自强不息、创新不止的思想。

3. 汤之《盘铭》曰："苟日新，日日新，又日新。"

《康诰》曰:"作新民。"……是故君子无所不用其极。(《大学》)

这段话出自《大学》。《大学》是一篇论述儒家修身、齐家、治国、平天下思想的散文,原是《小戴礼记》第四十二篇,相传为春秋战国时期曾子所作,是一部中国古代讨论教育理论的重要著作,经北宋程颢、程颐竭力尊崇,南宋朱熹又作《大学章句》,最终和《中庸》《论语》《孟子》并称"四书",宋、元以后,《大学》成为学校官定的教科书和科举考试的必读书,对中国古代教育产生了极大的影响。《大学》提出的"三纲领"(明明德、亲民、止于至善)和"八条目"(格物、致知、诚意、正心、修身、齐家、治国、平天下),强调修己是治人的前提,修己的目的是为了治国、平天下,说明治国、平天下和个人道德修养的一致性。这段话的意思是:商汤王刻在盘上的箴言说:"如果能够一天新,就应保持天天新,新了还要更新。"《康诰》说:"激励人弃旧图新。"因此君子无处不追求至善至美至新的境界。

4. 富有之谓大业,日新之谓盛德。(《周易·系辞上》)

王弼注曰:"广大悉备,故曰'富有'","体化合变,故曰'日新'"。朱熹注曰:"张子曰:'富有者,大而无外;日新者,久而无穷。'"(《周易本义》)这句话表面看比较简单,其实内容很丰富,内涵非常饱满。在这句话前,《周易·系辞上》还说道:"显诸仁,藏诸用,鼓万物而不与圣人同忧,盛德大业,至矣哉!"这里讲"易",讲"道",就是讲事物发展规律。易道广大,无所不至,其特点就在于"与天地准""能弥纶天地"。在这里,"显诸仁"就是大业,"藏诸用"就是盛德。人们如能遵循这个法则,正确把握"道",就能指导具体行动,就能显现出吉凶悔吝等仁德的不同境界与结果。而这个"易"或"道"就是行为的法则,它隐含在人们的具体行为中。圣人常忧虑天下,而天道则不同,它决定万物成长却不声不言,就像孔子所说:"天何言哉?四时行焉,百物生焉,天何言哉?"具备大境界,方成大功业;只有明天道,才会有盛德。

5. 天地之德不易,而天地之化日新。今日之风雷非昨日之风雷,是以知今日之日月非昨日之日月也。……守其故物而不能日新,虽其未消,亦槁而死。不能待其消之已尽而已死,则未消者槁。故曰"日新之谓盛德",岂特庄生藏舟之说为然哉!(《思问录·外篇》)

这段话出自明末清初思想家王夫之的《思问录·外篇》。《思问录》的论著,分内外两篇,各一卷,内篇以论述哲学问题为主,外篇涉及天文、历数、乐律、医学等各种自然科学问题。本书内容与《张子正蒙注》互相启发,主要论证了世界是统一于物质的客观实有,对理气关系、道器关系等作了朴素唯物论的深刻阐述。书中驳斥了邵雍的形而上学两分法,深化了朴素辩证法的矛盾观和发展观,书中运用"天地之化日新"的观点肯定自然史和人类史都是进化的,都是旧的消亡、新的诞生的过程,人类的历史有一个由野蛮走向文明的进化过程,而这一进化过程中还会出现曲折和倒退。这段话的大致意思是:天地之德尽管不会改变,但天地本身却每天都在变化日新。一个永远不变的事物虽然从形体上还存在,但实际上已形同枯死之物。所以天地之大德就是生生不息之德。

6. 满眼生机转化钧,天工人巧日争新。预支五百年新意,到了千年又觉陈。(《论诗》)

这段诗句出自于清代诗人赵翼的《论诗》。赵翼论诗提倡创新,反对机械模式。他通过对诗家李白、杜甫成就的回顾,以历史发展的眼光提出,各个时代都有其标领风骚的人物,不必唯古人是从,诗歌也应随着时代不断发展。这段话的大致意思是:自然界和人类社会不断地生长,向前发展,大自然的天然鬼斧和人类巧妙的神工下的新作品每天都涌现出来,层出不穷。就算预先支取了五百年的新意又如何,到了千年的时候还不是一样陈旧了。这表示创新、发展、日新是自然的法则。

7. 伏羲画卦,人文以成。书契之作,以代结绳。

(《御书草圣千文赞》)

这段话出自北宋末、南宋初抗金名臣、民族英雄李纲的《御书草圣千文赞》。"圣人之作《易》,无大不极,无微不究。大则取象天地,细则观鸟兽之文与地之宜也。"这是记载中华民族先祖创造人类文明的开始,是彰显人类先祖具有创新性思维的典型故事。意思是:伏羲画卦,人文化成,以书写代替结绳记事,人类文明在创造中诞生。

8. 昔者仓颉作书,而天雨粟,鬼夜哭;伯益作井,而龙登玄云,神栖昆仑。(《淮南子·本经训》)

这段话出自西汉刘安的《淮南子·本经训》。《淮南子》相传是由西汉皇族淮南王刘安主持撰写,故而得名。该书在继承先秦道家思想的基础上,综合了诸子百家学说中的精华部分,对后世研究秦汉时期文化起到了不可替代的作用。这段话是反映中华民族先祖具有伟大创造能力的经典故事,记述的是仓颉造字、伯益掘井等惊天地、泣鬼神的伟大创造。

9. 大哉乾元,万物资始,乃统天。云行雨施,品物流行;大明终始,六位时成,时乘六龙,以御天。乾道变化,各正性命。(《周易注·乾》)

这段话出自三国时期魏国玄学家王弼著《周易注》。

唐太宗命孔颖达等修《五经正义》，其中《周易》选用王弼注，孔颖达认为唯魏世王辅嗣之注，独冠古今。从此，王弼《周易注》作为官方定本而流传于世。王弼在注《易》时，革除汉儒"互体""卦变""五行"等牵强附会的"按文责卦"的方法，主张着重领会和把握《易》中所包含的根本义理。王弼还以《老》解《易》，以玄理统易理，反映出贵无的本体论思想，使《周易》之解面貌一新，成为玄学理论的基本思想资料之一。这段话的大致意思是：乾之天在六十四卦之首，世间万物因此而从无到有，并统率着气候变化。雨云随风运行甘霖散布大地，众多物种生长变化形成新的物种，日月周而复始运行，风火暑湿燥寒六气各居其位形成不同季节。万物各有各的性命，各有各的存在价值，各有各的位置。这段话揭示了天道流行、新旧更替、万物变化的自然法则。

10. 青，取之于蓝而青于蓝。冰，水为之而寒于水。
(《荀子·劝学》)

这段话表达了万事万物创新和发展的必然性。青，是指靛青，即靛蓝；蓝是指蓝草，即可以用于制作靛蓝染料的数种植物的统称，如菘蓝、蓼蓝、木蓝等。青从蓝草中提炼出来，但颜色比蓝草更深。冰是水凝结而成，但比水更冷。荀子用青与蓝、冰与水的关系来比喻学生如果能用功研究学问，坚持不懈地努力，就可以比他的老师更有成就。由于荀子这几句话形象深刻,通俗易懂,便为后人所常用,比喻学生胜过老师、后人胜过前人。

11. 九五:大人虎变,未占有孚。《象》曰:大人虎变,其文炳也。……《象》曰:君子豹变,其文蔚也;小人革面,顺以从君也。(《周易注·革》)

《周易》中,困卦之后继以井卦,井之为物,久而久之则污浊秽腐,掏洗整理则洁净清澈,不可不作改变,所以井卦之后,受之以革卦。革,变革。革卦兑上离下,泽中有火。水火不容,所以需要变革。革卦所论,即是变革之道:得其时,得其位,得其才,审虑而慎动。九五,阳刚之才,中正之德,居尊位,是为大人。以大人之道统领变革,那么所发生的变化,必炳然昭著,如虎纹般光彩夺目。这就是所谓"大人虎变"。虎,百兽之王,用以象大人。未占有孚,即不用占卜,大人已知因其变革得当,而使天下必信,这是自信。天下蒙大人之革,不用占卜,天下人因知其变革相当合情合理而必生信心,这是他信。变革成功,成功要见到效果,主要的成效表现在两方面,即"君子豹变"和"小人革面"。君子豹变:君子从善如流,从革而变,这种变化,如同豹之纹,蔚然昭彰。小人革面:小人比较麻烦,小人鄙陋顽固,难以进行改造,拒不从内心接受变革;但在表面上,小人表示可以遵照执行大人的教令;小人仅"革面",不"洗心"。对小人不能有过高要求,"革面"就行了,这时变革可谓已经成功。变革之事,在于难以开头,万事开头难矣。变革之后,在于难以知止自守。

第二节　推陈出新，吐故纳新

1. 革，去故也；鼎，取新也。（《周易·杂》）

"革"，去故；"鼎"，取新。既以去故，则宜制器立法以治新业。鼎所以和齐生物，成新之器也，故取象焉。

2. 革，水火相息，二女同居，其志不相得，曰革。（《周易·革》）

这段话出自三国时期魏国玄学家王弼《周易注》。根据楼宇烈先生注，"凡不合然后乃变生，变之所生，生于不合者也。故取不合之象以为革也。息者，生变之谓也。

火欲上而泽欲下，水火相战，而后生变者也。二女同居，而有水火之性，近而不相得也"。这段话的意思是：革的含义就是，像水火这种不合的东西在一起，如同两位女性同居一样，近而不相得，就称之为革。

3. 删繁就简三秋树，领异标新二月花。（《赠君谋父子》）

此句语出郑板桥书斋联。郑板桥的诗《赠君谋父子》中也有提到。郑板桥为清代书画家、文学家，一生主要客居扬州，以卖画为生。上句主张以最简练的笔墨表现最丰富的内容，以少许胜多许。比如画兰竹易流于枝蔓，应删繁就简，使如三秋之树，瘦劲秀挺，没有细枝密叶。下句主张要"自出手眼，自树脊骨"，不可赶浪头、趋风气，必须自辟新路，似二月花，一花引来百花开，生机勃勃，也就是创造与众不同的新格调。

4. 翛然谢糟粕，傲睨万物初。（《和滕子济考古图》）

这两句诗出自宋南渡时期颇有影响力的诗人、官员和学者程俱的《和滕子济考古图》。"翛然"，无拘无束貌，超脱貌；"糟粕"，酒糟、豆渣等粗劣食物，比喻无价值的东西；"睨"，斜视，斜着眼看一切事物，形容目空一切，什么都瞧不起。当文化发展到鼎盛时期，突破就成了一件难事，唐代文学的繁荣，无疑给宋代文人巨大的压力，求新求变成为宋代文人群体的追求。这两句话集中体现了程俱主张去糟弃粗、求新求变的思想。

5. 琴瑟不调，甚者必解而更张之，乃可鼓也；为政而不行，甚者必变而更化之，乃可理也。(《资治通鉴·汉纪九》)

这段话出自北宋司马光的《资治通鉴·汉纪九》。公元前140年，汉武帝下令，令大臣举荐贤良、方正、直言极谏的人才，汉武帝亲自出题，主要围绕古往今来治理天下之道，对考生进行考试。参加考试的有一百多人。其中有个广川考生叫董仲舒，就汉武帝提出的治国之道作出了以上回答。董仲舒说，秦朝毁弃先代圣王的治国之道，实行不顾长远、只顾眼前的统治方法，所以立国仅有十四年就灭亡了。秦朝遗留下来的恶劣影响至今还没有清除，导致社会风俗恶劣，因此董仲舒极力主张大力变革。这段话的意思是：琴瑟声音不和谐，严重时必须解下旧弦，更换新弦，才可以弹奏；实施统治遇到阻碍，严重时一定要加以改变，才能治理好国家。所以汉朝得到天下以来，一直想治理好国家，但至今没有治理好，其原因在于应当实行改革的时候而没有实行改革。

6. 老禾不早杀，余种秽良田。(《隋书·柳彧列传》)

《隋书·柳彧列传》记载了柳彧敢于直言、清正廉洁的故事。当时的刺史多由武将担任,大都不称职,有一个叫和干子的老臣更是过分。于是,柳彧就上表给皇帝:"伏见诏书以上柱国和干子为杞州刺史,其人年垂八十,钟鸣漏尽。前任赵州,暗于职务,政由群小,贿赂公行,百姓吁嗟,歌谣满道。乃云:'老禾不早杀,余种秽良田。'……"上善之,干子竟免。从字面上理解,其意为残留在地里的头季稻谷不早点割掉,它落下的稻粒必然会使良田荒芜。意思是老的陈旧的事物不早点除掉,它的影响就会祸及新的美好事物。

7. 终日乾乾,与时偕行。或跃在渊,乾道乃革。(《周易注·乾》)

这段话出自王弼的《周易注·乾》,王弼注曰:"与天时俱不息""与时运俱终极"。这段话的意思是:终日勤奋不懈,自强不息,随从天时的变化而行动。要么飞跃,要么待在深渊,乾道就是要改革变化。

8. 源之弗洁,流何以澄。(《明史·杨继盛列传》)

杨继盛,字仲芳,保定容城(今河北容城)人,嘉靖二十六年(1547)进士。授南京吏部主事,升兵部员外郎。时值俺答骚扰北京,杨继盛因上疏反对仇鸾的媾和互市主张,被仇陷害,贬为狄道典史。仇死,杨继盛被任为刑部员外郎、兵部武选司员外郎。不久，又因上疏严辞弹劾严嵩父子，被严嵩诬害，饱受酷刑后惨死。杨继盛刚勇忠烈，直言敢谏，不趋炎附势，为后世所钦赞。嵩败，穆宗立，赠太常少卿，谥"忠愍"。他上书弹劾当朝首辅严嵩，被下狱后，仍以坚韧不拔的毅力，割肉疗伤，其精神，其毅力，震古烁今。这句话就是他向皇帝弹劾严嵩时说的，原文是：自古风俗之坏，未有甚于今日者。盖嵩好利，天下皆尚贪。嵩好谀，天下皆尚谄。源之弗洁，流何以澄。是敝天下之风俗，大罪十也。意思是：源头不清洁，流水怎么能澄清。这就是表示要从源头处改革或变革。

9. 吹呴呼吸，吐故纳新。(《庄子·刻意》)

《庄子·刻意》主要论述养生之道。养生贵在养神，要恬淡寡欲，体悟纯素，顺其自然，做到不喜不怒，与世无争，哀乐不入。那些过分追求外物的行为，刻意为亢、为修、为治、为闲、为寿的人，对于养生、养神都是有害的，只能成为丧真失性之徒。"吹呴"，合口用力呼气叫"吹"，张口慢慢出气叫"呴"；"吐故纳新"，先从口吐出肺中浊气，再由鼻吸进清新空气，中国古代导引术养生法的一种。意思：人呼吸时，吐出浊气，吸进新鲜空气。其现多用来比喻扬弃旧的、不好的，吸收新的、好的。

10. 温故知新,谓温故书而知新义。(《朱子语类·为政篇下》)

这句话出自《朱子语类·为政篇下·温故而知新章》。朱熹注解道:"温故,只是时习。""温故方能知新,不温而求新知,则亦不可得而求矣。""温故知新","是就温故中见得这道理愈精,胜似旧时所看"。"温故而知新","味其语意,乃为温故而不知新者设,不温故是间断了。若果无所得,虽温故亦不足以为人师,所以温故又要知新。"

11. 温故,闻见之在外者;知新,义理之得于己者。若温故而不知新,则徒闻见而已。(《朱子语类·为政篇下》)

这句话出自《朱子语类·为政篇下·温故而知新章》。朱熹注曰:"不离温故之中而知新,其亦'下学上达'之理","亦是渐渐上达之意"。"时时温习,觉滋味深长,自有新得。'温'字对'冷'字,如一杯羹在此冷了,将去温来又好。温故而知新,此处知新是重。中庸'温故而知新'乃是温故重。"又说:温故知新,"只是故中底的道理时习得熟,渐渐发得出来"。又说:"'记问之学,不足为人师'……若知新,则'引而申之,触类而长之'……如记问之学,记得十件,只是十件;记得百件,只是百件。知新,则时复温习旧闻以知新意,所以常活。"

12. 出新意于法度之中，寄妙理于豪放之外。(《书吴道子画后》)

《书吴道子画后》是北宋文学家苏轼于元丰八年（1085）为史全叔收藏吴道子的画创作的题跋。题跋指出任何学术技艺都是在前人的基础上积累而成的，吴道子的画和杜甫的诗歌、韩愈的文章、颜真卿的字一样，都是各自领域中的高峰。题跋还具体分析了吴道子画的特色，并提了"出新意于法度之中，寄妙理于豪放之外"的精辟论断。意思是：在旧的作画套路中产生新颖的创作思路，在豪放不羁的风格之外寄托高妙的韵味。这表示既合于法度、规律，又能表现出新的意趣情态，在豪放的风格之外寄寓着微妙的神理。

第三节　学思结合，守正创新

1. 学而不思则罔，思而不学则殆。(《论语·为政》)

《论语·为政》是孔子的学生及其再传学生所记录整理的，其内容涉及孔子"为政以德"的思想、如何谋求官职和从政为官的基本原则、学习与思考的关系、孔子本人学习和修养的过程、温故而知新的学习方法，以及对孝、悌等道德范畴的进一步阐述。此句是孔子对学与思之间辩证关系的阐释。学习离不开思考，思考也不能脱离学习，二者相辅相成，缺一不可；学习而不思考就会迷惘无所得，思考而不学习就不切于事而疑惑不解。朱熹注解说"学是身去做，思只是默坐来思"，又说"思,只是思所学底事。学而不思便都罔了"。至于思而不学何以殆呢?朱熹说,"硬将来拗缚捉住在这里,便是危殆。只是杜撰恁地,不恁自然,便不安稳","学与思,须相连。才学这事,须便思量这事合如何。'学'字甚大,学效他圣贤做事","学是学其事,如读书便是学,须缓缓精思其中义理方得",但"不思这事道理,则昧而无得"。这句话强调学与思结合,才能守正创新。

2. 吾尝终日不食,终夜不寝,以思,无益,不如学也。(《论语·卫灵公》)

朱子注解说:"盖劳心以必求,不如逊志而自得。""思,是硬要自去做底;学是依这本子去做,便要小着心,随顺个事理去做。而今人都是硬去做,要必得,所以更做不成。须是软着心,贴就它去做。孟子所谓'以意逆志',极好。逆,是推迎它底意思。"意思是:我曾经整天不食不寝,夜以继日地刻苦思考,觉得也没什么用,还不如学。

3. 蓄疑败谋,怠忽荒政。不学墙面,莅事惟烦。(《尚书·周官》)

《周官》是《尚书》的篇名。成王既黜殷命,灭淮夷,还归在丰,作《周官》。周成王告诫各级官员,要认真对待工作,要克勤克俭,功高由于有志,业大由于勤劳；能够果敢决断，就没有后来的艰难；居官不当骄傲，享禄不当奢侈。这段话的意思是：蓄疑不决，必定败坏计谋，怠惰忽略，必定废弃政事。不学习就会一无所知，处理事情只会感到麻烦。

4. 玉不琢，不成器，人不学，不知道。(《礼记·学记》)

《礼记》由西汉戴圣编纂。汉代的郑玄对《礼记·学记》的介绍是："《学记》者，以其记人学教之义。"这段话是强调学习的重要性。意思是：玉不经过精雕细琢不成为精美的玉器，人不学习就不会懂得道理。"所以古人勤于学问，谓之懿德。"

5. 君子之学必日新，日新者日进也。不日新者必日退，未有不进而不退者。(《二程集·河南程氏遗书》)

二程即程颢、程颐，北宋哲学家、教育家，北宋理学的奠基人。南宋朱熹在程颢、程颐弟子所录各家《二程语录》基础上综合编定《河南程氏遗书》。程颐认为，君子学习一定要每天都有进步，只有不断学习、不断进步，才能保持竞争力。同时，如果一个人不思进取、固守过去，那么他就会不断退步。清人张伯行释道："若不日新，便是心有间断，私欲相乘，非昏则倦，日退必矣。未有半上落下，能站得住，不进而不退者。"

6. 见贤思齐焉，见不贤而内自省也。(《论语·里仁》)

本篇是《论语》的第四篇，主要内容涉及义与利的关系问题、个人的道德修养问题、孝敬父母的问题，以及君子与小人的区别。这一篇包括了儒家的若干重要范畴、原则和理论，对后世都产生过较大影响。基本意思是：见到一个品德能力超过自己的人，就要想着自己要努力跟他一样；见到一个不如自己的人，就要反思我身上是不是有跟他一样的缺点。朱熹注解曰："见人之善，而寻己之善；见人之恶，而寻己之恶。如此，方是有益。"

7. 刚健笃实，辉光日新其德。(《周易·大畜》)

王弼注解曰："凡物既厌而退者，弱也；既荣而陨者，薄也。夫能辉光日新其德者，唯刚健笃实也。"高亨注："天之道刚健，山之性厚实，天光山色，相映成辉，日日有新气象。"后常指一个人在道德、文学、艺术等方面日有长进。

8. 圣贤为骨，英雄为胆，日月为目，霹雳为舌。(《小窗幽记·集奇》)

《小窗幽记》是一部人生格言集，成书于明代晚期，问世以后，因收录的格言短小精美、发人深思而闻名于世并且流传至今，与《围炉夜话》《菜根谭》一起并称为"中国人修身养性"的三本必读书。作者陈眉公，原名陈继儒，是明代著名的文学家、书法家、画家。这段话的意思是：向圣贤学习风骨，向英雄学习胆识，以日月为双目，以霹雳为口舌。见贤思齐，成功只是时间问题。

9. 惟学逊志，务时敏，厥修乃来。允怀于兹，道积于厥躬。惟教学半，念终始典于学，厥德修罔觉。（《尚书·说命下》）

这段话是商朝高宗（武丁）的贤臣傅说劝说高宗要学习和借鉴古代经验，要以前代为师。相传武丁继位之初，想要重新振兴殷商，却没有找到合适的大臣来辅佐自己。他三年没有发布政令，把政事都交由冢宰决断，他借此机会观察国内的情况。有一天夜里，武丁做梦梦见一位圣人，名叫说。他根据梦中看到的样子观察群臣百官，觉得都不是那个人。于是他派百官到民间去寻找相似样貌的贤才，终于在傅险（一说傅岩）找到了"说"。当时"说"是一个正在服劳役的奴隶，在傅险帮助修筑城墙，他被带去面见武丁，武丁说就是这个人。武丁和"说"讨论国事，发现他果然是个富有才能的圣人，就任用他为国相，因为"说"没有姓氏，在傅险被发现，就赐姓傅，称为傅说，为傅姓的先祖。这段话的意思是：学习要心志谦逊，务必时刻努力，只争朝夕，更要顺势用时，同时要学习和借鉴前人的经验，才能增智进德。

10. 惟圣罔念，作狂；惟狂克念，作圣。(《尚书·多方》)

孔安国传："惟圣人无念于善，则为狂人；惟狂人能念于善，则为圣人。"这是周公在反思商朝灭亡的原因时说的话。周公说，夏商的灭亡并不是因为上天的旨意，而是因为夏、商的君王大肆淫佚，安逸而又懈怠，夏桀暴虐无道，因而被成汤所替代，殷商的后王贪图享乐，最后被周朝所取代。周公最后总结说，圣人不思考就会变成狂人，狂人能够思考就能变成圣人。殷商的子孙毫不悔改，因此丢弃天命，只有我们周王善于顺从民众，能用明德，善待神、天。上天选择我周王，授予伟大的使命，治理众国诸侯。

11. 夫人虽禀定性，必须博学以成其道，亦犹蜃性含水，待月光而水垂；木性怀火，待燧动而焰发；人性含灵，待学成而为美。是以苏秦刺股，董生垂帷。不勤道艺，则其名不立。(《贞观政要·崇儒学》)

这段话是唐太宗对中书令岑文本所说的话，强调读书的重要性。岑文本是唐太宗时宰相，文学家；"蜃"即是大蛤蜊，古人认为其性含水，月光出现时晶莹剔透；苏秦是战国纵横家；董生即董仲舒，西汉政治家，讲学时以帷幕遮掩，以求专心。这段话的意思是：人虽然有天生的禀性，也必须博学才能成道，就犹如蛤蜊天性含水，也要等月光照射才喷射出来；木材虽然包含火的因素,也要等到取火工具转动才会引燃;人的本性虽然聪明,也要靠学有所成才能成就美德。所以历史上有苏秦刺股读书,董仲舒放下帷帐讲学的美谈。不勤奋学习,就不可能取得功名。

12. 择其善者而从之,其不善者而改之。(《论语·述而》)

朱熹注曰:"圣人之学,异夫常人之学。才略举其端,这里便无不昭彻。然毕竟是学。人若以自修为心,则举天下万物,凡有感乎前者,无非足以发吾义理之正。善者固可师,不善者这里便恐惧修省,恐落在里面去,是皆吾师也。"孔子在修身养性的伦理道德方面,就是不盲目尊崇权威,而是主张选择,特别是主张培养"择善"的能力。意思是:选择其优点学习,其缺点就要引以为戒。

13. 思之思之,又重思之。思之而不通,鬼神将通之。非鬼神之力也,精气之极也。(《管子·内业》)

《管子·内业》是春秋时期军事家管仲创作的一篇散文。《管子》一书是稷下道家推尊管仲之作的集结,《汉书·艺文志》将其列入子部道家类,《隋书·经籍志》列入法家类,《四库全书》将其列入子部法家类。书篇幅宏伟,内容复杂,思想丰富,是研究中国古代特别是先秦学术文化思想的重要典籍。这段话强调反思深入思考的重要性,意思是:思考思考,再进一步地思考,思考只要达到一定的深度,就一定能够有新的收获。

第二章

不惧新挑战、勇于接受新事物的精神品格

中华民族具有突出的创新性,正在于中华民族具有不惧新挑战、勇于接受新事物的精神品格。敢于说前人没有说过的新话,敢于干前人没有干过的事情,中华民族敢闯敢干的精神品质在几千年历史长河中熠熠生光。自古以来,伟大的中国人民始终心怀梦想、不懈追求,"革,去故也;鼎,取新也"的创新智慧,"丹心未泯创新愿,白发犹残求是辉"的创新信念,"满眼生机转化钧,天工人巧日争新"的创新追求……一脉相承又不拘定法的创新精神,深深熔铸于中华民族的血脉基因,也

形塑着不同时代中华文化和中华民族的崭新模样。中华民族自古以来就有不惧新挑战、勇于接受新事物的胆魄和勇气,"大鹏一日同风起,扶摇直上九万里""苦心人,天不负,卧薪尝胆,三千越甲可吞吴"的生命期待,滋养了中华民族坚持守正创新的勇毅气概和执着精神。而这些无畏品格皆源于中华民族具有刀刃向内自我革命自我修养、知行合一的政治勇气,不惧挑战、不畏磨难的坚强毅力,以及自我发展、开创新局的强大气魄。此三者是伟大的中华民族不惧新挑战、敢于接受新事物精神品质的具体体现。

第一节　修身正己，致知于行

1. 忙处事为，常向闲中先检点；动时念想，预从静里密操持。青天白日处节义，自暗室屋漏处培来；旋转乾坤的经纶，自临深履薄处操出。(《小窗幽记·集法》)

这段话论证了动与静、安与危中的修身养性之学。作者运用辩证法的原理，告诫世人要学会在静下来的时候多思考，以反思和避免行动时的失误，在危难困苦的时候学会忍耐，注重多磨练，往往平常行为表现出来的道德情操就是在这种昏暗的日子里磨练出来的，扭转乾坤的惊世大论，往往是在如履薄冰中感悟出来的。古代的这种经典表达还很多，比如《菜根谭》中的"欲做精金美玉的人品，定从烈火中煅来；思立掀天揭地的事功，须向薄冰上履过。"

2. 善禁者，先禁其身而后人；不善禁者，先禁人而后身。善禁之至于不禁，令亦如之。若乃肆情于身而绳欲于众，行诈于官而矜实于民，求己之所有余，夺下之所不足，舍己之所易，责人之所难，怨之本也。（《申鉴·政体》）

所谓"申鉴"，即申论前事，以为后世鉴戒。东汉末荀悦侍讲禁中，匡辅汉献帝，见政移曹操，"谋无所用，乃作《申鉴》"，其《政体》，从多个角度切入，论述了治国为政的根本原则与方法，至今仍有一定的借鉴意义。这段话主要是讲修身养性主要从禁欲禁己开始。此段话大致意思是：善于用禁令治理社会的人，首先会按禁令要求自己，然后才去要求别人；不善于用禁令治理社会的人，首先会要求别人按照禁令去做，然后才要求自己。荀悦以此告诫统治者正人先正己，方能令行禁止，才是"善禁"。荀悦的这一观点继承了儒家"其身正，不令而行；其身不正，虽令不从"的思想。四百多年后的唐太宗堪称"善禁"典范，他说："若安天下，必须先正其身，未有身正而影曲，上治而下乱者。"魏徵在上疏中亦言："尽己而不以尤人，求身而不以责下。"可见，中国古代已将"正人先正己"视为"善禁"之至要。

3. 当是非邪正之交，不可少迁就，少迁就则失从违之正；值利害得失之会，不可太分明，太分明则起趋避之私。（《菜根谭》）

这段话主要是关于是非、义利处的修身养性之学。在是非正邪的大原则面前，必须旗帜鲜明、立场坚定；在利害得失的小算计方面，却要含糊一些，马虎一些。"三思而后行"，现在通常被认为是提醒谨慎再谨慎的意思，孔子的原意却与此相反。《论语》的记载是："季文子三思而后行，子闻之曰：'再，斯可矣。'。"当时鲁国大夫季文子思虑过于周密、做事过分小心，每做一件事情之前都是想之又想。孔子认为他想得太多，对利害得失考虑太多，结果让更多的私心杂念渗入决策过程，影响他做出正确判断，所以说"想两次，也就可以了"。《菜根谭》的这一观点主要是对儒家重义轻利、先义后利、以义制利思想的进一步发展。

4. 防微杜渐，谨不可忽。（《宋史·朱熹列传》）

这句话是告诫人们修身养性要防微杜渐，要从自己做起、从小事做起。此句系朱熹劝诫丞相赵汝愚提防韩侂胄而说。赵汝愚当上丞相之后，招纳和任用四方知名人士，朝廷上下表现出一派祥和，此时唯独朱熹因为赵汝愚任用韩侂胄而表现出非常担心警惕，他写信劝谏赵汝愚：可以用丰厚的奖赏来犒劳韩侂胄，并不一定要封之以官职，对于韩侂胄这样的人，一定要防微杜渐、小心谨慎。赵汝愚并没有听取朱熹的意见，后来没过多久，赵汝愚果然被诬陷，"朝廷大权悉归侂胄矣"。

5. 箪瓢屡空，晏如也。（《宋史·朱熹列传》）

这句话是指要于贫穷处修身养性，即儒家所谓的"安贫乐道"，贫穷潦倒，却处之安然。此句借用了《论语》中对颜回的评价："贤哉回也！一箪食，一瓢饮，在陋巷，人不堪其忧，回也不改其乐。贤哉回也！"朱熹即是这种修身养性的典范。朱熹考中进士五十年，真正在外做官只有九年，在朝廷做官只有四十天。他家里一贫如洗，年少之时依靠父亲的友人刘子羽接济生活，虽然经常穷得吃不上饭，却处之泰然；也常有他人接济，但所有不义之财一概不取。

6. 志不可一日坠，心不可一日放。（《小窗幽记·集法》）

这句话是指修身养性首先要立志。段玉裁在《说文解字注》中提到："志，意也。从心㞢，㞢亦声。"在古文中常说的"诗言志，歌永言"，这个"志"就是个人的心意和意愿，同时"志"还有志向的意思，当人内心有某种强烈的意愿和想法时，就是一个人有志向。志气中蕴含着个人对远大理想的不懈追求。古语云："志不立，天下无可成之事。"中华民族历来重视志气的培养，日日养心，则日日立志。

7. 名从刻竹，源分渭亩之云；倦以据梧，清梦郁林之石。（《小窗幽记·集景》）

这段话是通过写景来寓意要修身养性。"渭亩之云"，是指如同云彩一样繁多密集的竹林，"渭亩"即竹子，《史记·货殖列传》中有云"渭川千亩竹"。"郁林之石"，是指东汉时期的陆绩，他曾为郁林太守，为官十分清廉，以至于罢官后乘船渡海之时，没有什么行李而使得船太轻不够沉稳，最后只好搬运石头上船才得以渡海，后人以此喻指为官清廉。

8. 遇故旧之交，意气要愈新；处隐微之事，心迹宜愈显；待衰朽之人，恩礼当愈隆。（《菜根谭》）

这段话是指对待老人和故交要有特别的修为。老人是智慧与经验的化身，老友是人生路程的拐杖。中国历来有尊老敬老的传统，从对待老人的态度，可以看出一个人的价值观和品德修养。中国人历来反感"人走茶凉，过河拆桥"的做法，认为是小人之举，而对老人老友礼遇有加，是不忘根本的表现。这段话的意思是：遇到多年不见的老友时，情意要特别真诚，气氛要特别热烈；处理某种秘密事情时，居心要特别坦诚，态度要特别开朗；服侍身体衰弱的老人时，举止要特别殷勤，礼节要特别周到。

9. 宽则得众。(《论语·阳货》)

这句话是指待人要宽厚，宽厚的人能得到别人的爱戴和拥护。《论语·阳货》记子张向孔子问仁时，孔子回答"恭、宽、信、敏、惠"，对此又加以解释，其中有"宽则得众"句。意思是说：你要宽厚，就能得到大众的拥护。"宽则得众"这条法则在中国历史上一次次得到验证。比如西汉文帝刘恒，在汉初诛灭诸吕以后即位，他自小被人冷落，当上皇帝，又赶上长期动乱后，社会经济萧条，民生凋蔽，于是便采取休养生息的政策，鼓励生产，对百姓少征税，在刑罚上也放松，这种与民休养生息的宽厚政策，使得汉文帝得到了广大百姓的拥护和支持，汉朝也进入繁荣发展的大好时期。

10. 俗气入骨，即吞刀刮肠，饮灰洗胃，觉俗态之益呈；正气效灵，即刀锯在前，鼎镬具后，见英气之益露。(《小窗幽记·集奇》)

这段话是要求人要养成一身浩然之气，不可有俗气、媚气。"浩然正气"出自于《孟子》"我善养吾浩然之气"，这句话表达了孟子对于个人修养和道德品质的重视，强调了一个人应该注重培养自己的内在气质和精神力量，以达到更高的境界。这段话的意思是：俗气深入骨髓，即使吞刀刮肠、喝灰洗胃，仍然觉得神态俗得要命；要是灵魂中有正气，即使刀锯在前，鼎镬在后，反而更能显出英雄的豪气。

11. 古之立大事者，不唯有超世之才，亦必有坚忍不拔之志。(《晁错论》)

这段话出自苏轼的《晁错论》，是指人要立志，要励志，立鸿鹄志，做奋斗者。王守仁说："志不立，天下无可成之事。"可见，立志对一个人的一生具有多么重要的意义。苏轼对仁人志士、英雄豪杰能够成就丰功伟业的原因，十分准确而精辟地归结为两点，即"超世之才"和"坚忍不拔之志"。"超世之才"不是与生俱来的，必须刻苦攻读，坚持不懈。而"亦必有坚忍不拔之志"尤为重要。因为，凡立志要成大事业者要走的路，都是崎岖不平的，都是充满着艰辛困苦的。没有远大的志向、坚忍不拔的意志，是难以突破的。在苏轼看来，无论是圣贤豪杰，还是百工技艺，人人都有成就事业的可能，但是首先必须立志。这是中国传统文化精华的总结，也是当代人做人、做事的指导。这段话的意思是：自古以来能够成就伟大功绩的人，不仅仅要有超凡出众的才能，还一定要有敢于面对问题、解决问题的勇气和坚忍不拔的意志。

12. 为人君者，正心以正朝廷，正朝廷以正百官，正百官以正万民，正万民以正四方。四方正，远近莫敢不壹于正，而亡有邪气奸其间者。(《资治通鉴·汉纪九》)

这段话是董仲舒《天人三策》中回答汉武帝的话。武帝即位，举贤良文学之士数百，而董仲舒以贤良对策焉。意思是：做帝王的人，要端正自己的思想，整肃朝廷，整肃了朝廷才能整肃百官，整肃了百官才能整肃天下万民，整肃了天下万民才能整肃四方的夷狄各族。四方的夷狄各族都已整肃完毕，远近没有胆敢不统一于正道的，就没有邪气冲犯天地之间。

13. 林深则鸟栖，水广则鱼游，仁义积则物自归之。（《贞观政要·仁义》）

这段话的意思是：树林广袤就有飞鸟栖息，水域深广就有鱼儿游弋，多施仁义百姓自然会归顺。"仁义积则物自归之"，实际是对传统儒家义中有利、以义制利的义利观的阐扬，也是对孟子"得道者多助，失道者寡助"思想的诠释。总之，这句话强调人应该要涵养宽厚的仁德，以包容万物。

14. 宋人围曹，讨不服也。子鱼言于宋公曰："文王闻崇德乱而伐之，军三旬而不降；退修教而复伐之，因垒而降。《诗》曰：'刑于寡妻，至于兄弟，以御于家邦。'今君德无乃犹有所阙，而以伐人，若之何？盍姑内省德乎，无阙而后动。"（《春秋左传·僖公十九年》）

这段话主要以史论经，强调作为一国之君，修养德性的重要性，即只有身修，才能家齐，家齐然后国治，国治然后平天下，开创出一个崭新而太平的世界。这段话的意思是：宋军包围曹国，却始终无法讨服。子鱼对宋公说："文王听说崇国德行昏乱而去攻打，打了三十天，崇国不投降。于是退兵回国，修明教化，再去攻打，文王就驻扎在过去所筑的营垒里，崇国就投降了。《诗》说：'在嫡妻面前做出示范，由此而作为兄弟们的表率，以此来治理一家一国。'现在君王的德行恐怕还有所欠缺，而以此攻打曹国，能把它怎么办？何不姑且退回去自己检查一下德行，等到没有欠缺了再采取行动。"

15. 行有不得者，皆反求诸己，其身正而天下归之。（《孟子·离娄上》）

这段话强调反求诸己是修身的重要方式，儒家强调从自身做起，从身边事做起，对个人品质要求甚严，认为己才是一切的源头。在《公孙丑上》里孟子曾说过："仁者如射：射者正己而后发，发而不中，不怨胜己者，反求诸己而已矣。"从个人品质说，就是要严以律己，宽以待人，凡事多做自我批评，也就是孔子所说的"躬自厚而薄责于人，则远怨矣"。

16. 中书、门下，机要之司。擢才而居，委任实重。诏敕如有不稳便，皆须执论。比来惟觉阿旨顺情，唯唯苟过，遂无一言谏诤者，岂是道理？若惟署诏敕、行文书而已，人谁不堪？何烦简择，以相委付？自今诏敕疑

有不稳便，必须执言，无得妄有畏惧，知而寝默。(《贞观政要·政体》)

这是唐太宗自我反省治国之策时说的一段话。意思是：朝廷设置中书、门下这样的机要部门，选择人才担任官职，他们的任务和作用其实是很大的。皇上下达的诏书和命令如果不正确，他们必须大胆地指出来。然而近来我却发现他们只会唯命是从，顺水推舟，没有一个人敢直言进谏，朝廷的官员怎么能够有这样唯唯诺诺的作风呢？如果一个官吏只知道发布诏书，抄抄写写，又何必千辛万苦地选择官员，委以重任呢？从今以后，上传下达的诏书如果不妥当，官吏必须直接指出来，不能因为害怕冒犯了我的威仪，心中有数却沉默不言、假装糊涂。

17. 玉虽有美质，在于石间，不值良工琢磨，与瓦砾不别。若遇良工，即为万代之宝。朕虽无美质，为公所切磋，劳公约朕以仁义，弘朕以道德，使朕功业至此，公亦足为良工尔。(《贞观政要·政体》)

这段话是唐太宗感谢魏徵对自己的监督和促使自己反省治国之道的得失。意思是说：玉虽有美好的本质，但藏在石头里，没有好的工匠去雕琢研磨，那就和瓦块碎石没有什么区别。如果遇上好的工匠，就可以成为流传万代的珍宝。我虽没有好的本质被你雕琢研磨，多亏你用仁义来约束我，用道德来光大我，使我能有今天这样的功业，你也确实是一个良好的工匠啊！

18. 朕自平定突厥、破高丽已后，兼并铁勒，席卷沙漠以为州县，夷狄远服，声教益广。朕恐怀骄矜，恒自抑折，日旰而食，坐以待晨。每思臣下有谠言直谏，可以施于政教者，当拭目以师友待之。如此，庶几于时康道泰尔。（《贞观政要·政体》）

这是唐太宗自我反省的一段话。意思是：我自从平定突厥、打败高丽、兼并铁勒、席卷沙漠以来，让它们一一成为我的疆土，可以说边境上的外族无不敬畏天威，我国的声威教化从此广布四海。我由此而害怕内心滋长自满情绪，常常自我告诫要勤于朝政，废寝忘食，不敢怠慢。每天都期待有臣子大胆直谏，并且可以把它用于国家的政治教化，我要用对待师长那样的礼节对待忠臣。如果君臣能做到这样，那么国泰民安的日子就指日可待了。

19. 朕克己为政，仰企前烈。至于积德、累仁、丰功、厚利，四者常以为称首，朕皆庶几自勉。人苦不能自见，不知朕之所行，何等优劣？（《贞观政要·君臣鉴戒》）

唐太宗每时每刻都保持自我反省的状态，随时询问大臣自己的功过得失。这段话的意思是：我克制个人的私欲，仰慕效法前代圣贤。至于积德、累仁、丰功、厚利，我时常把它们放在首位，用于勉励自己。世上每个人都苦于不能全面地了解自己，不知我的行为，哪些做得好，哪些做得差呢？

20. 以卑干尊，古来不易，非其忠直，安能如此？且众人之唯唯，不如一士之谔谔。（《贞观政要·纳谏》）

这是唐太宗李世民提醒自己接纳下臣谏言的话。这段话的意思是：要地位低的人干预地位高的人，历来都不容易做到。要不是张玄素忠心正直，心地无私，又怎能做得到呢？一般人唯唯诺诺，哪里抵得上一个人惊世骇俗的言论对人的启发大呢？

21. 临渊羡鱼，不如退而结网。（《汉书·董仲舒列传》）

此句出自于董仲舒的《天人三策》，意思是与其多想，不如多实践，致知于行才能厚德。董仲舒在这里所谓与其想不如做，是基于他认为汉自从得天下以来，常常想善治天下，但是这个善治一直就没有实现，没有实现的原因，是因为汉朝"当更化而不更化"，因此"不如退而更化；更化则可善治，善治则灾害日去，福禄日来"。

22. 为治者不至多言，顾力行何如耳！（《资治通鉴·汉纪九》）

这段话出自汉武帝与申公的对话。意思是说，治理天下的人，不以说得多为完善，只看努力实干得怎么样罢了。汉武帝曾派出使者带着帛和玉璧作为礼聘，架着马车去迎接申公入朝。申公到了京城,拜见汉武帝。汉武帝询问关于国家治乱的事情,八十多岁高龄的申公回答汉武帝说:"为治者不至多言,顾力行何如耳!"申公为什么这么回答呢?因为此时的汉武帝正沉迷于文辞律令。听到申公的对答,汉武帝沉默不语,显得不尽满意,但还是任用申公做了太中大夫。

23. 道虽迩,不行不至;事虽小,不为不成。(《荀子·修身》)

这段话是指做、行、为等实践在修身养性、成大事中的重要性。从某种意义上说,中国传统哲学就是"行"的哲学。老子说"千里之行,始于足下","上士闻道,勤而行之",贤能之士追求学问和真理勤勤恳恳、坚持不懈。孔子强调"敏于行""敏于事",又说"躬行君子,则吾未之有得"。孔子认为"力行近乎仁",在他看来,人要身体力行做一个君子,竭力实践、勉力而行,就是接近于仁的美好品质。历史上,有识之士都强调"行",这样的例子不胜枚举,如司马光说"学者贵于行之,而不贵于知之",陆游则在冬夜里告诫儿子:"纸上得来终觉浅,绝知此事要躬行。"在现实中,一个人"行"得如何,最能彰显他的素养。中国传统文化精神崇尚踏实的行动,拒绝、讨厌虚化与浮华。回顾历史,空谈误国的教训也有许多,前车之鉴,发人深省。这段话的大致意思是:荀子认为,修养身心,努力提高自身的思想境界和道德水平，可不是容易的事。这就如同走路，路程即使很近，不走也不会到达目的地；这就如同做事，事情即使很小，不做也不会成功。在现实生活中，那些整日游手好闲的人，即使有成就，也不会超出常人多少。

24. 梁丘据谓晏子曰："吾至死不及夫子矣！"晏子曰："婴闻之，为者常成，行者常至。婴非有异于人也，常为而不置，常行而不休者，故难及也。"(《晏子春秋·内篇杂下》)

这段话是指任何事情都要去实行、实践才能创新成功。梁丘据是齐景公的大臣。"置"是指放弃。荀子在《劝学》中说："不积跬步，无以至千里；不积小流，无以成江海。骐骥一跃，不能十步；驽马十驾，功在不舍。锲而舍之，朽木不折；锲而不舍，金石可镂。"强调做事要持之以恒，不断努力。本文通过梁丘据与晏子的对话，借晏子之口，阐明了一个同样的道理：做任何事情，包括学一门学问，只有"常为而不置，常行而不休"，才能获得成功。晏子用自身事例来说明这一道理，具有很强的说服力。这段话的意思是，梁丘据对晏子说："我到死恐怕也赶不上先生啊！"晏子说："我听说，努力去做的人常常可以成功，不倦前行的人常常可以达到目的地。我并没有比别人特殊的才能，只是经常做个不停，行个不止，您怎么会赶不上我呢？"

第二节　不惧挑战，不畏磨难

1. 犯其至难而图其至远。（《思治论》）

这句话出自苏轼的《思治论》，意思是向艰难之处攻坚，追求宏伟远大的目标。《思治论》是苏轼议论时政较有特色的一篇文章。他抓住时弊，围绕中心，逐次深入，使全文在结构严谨、辩理透彻中又呈现出汪洋恣肆的特征，正如陶主敬所说："读此文如登千层宝塔，层层壮丽，令观者应接不暇。"《思治论》针对时之"三患"（财之不丰、兵之不强、吏之不择），指出要"课百官""安万民""厚财货""训兵旅"。苏轼又分别在《万言书》和《辩试馆职札子之二》中力斥时弊，向神宗提出其改革纲领乃"法相因则事易成,事有渐则民不惊",更力主择贤选能,并望神宗能"与二三大臣,孜孜讲求,磨以岁月,则积弊自去而人不知"。如此等等,可见东坡既非守旧儒生,亦非空腐文士,而是既谋革新、复图渐进的务实型人物。综观《思治论》全文,苏轼主要是针砭王安石变法中的种种弊端。

2. 筚路蓝缕,以启山林。(《左传·昭公十二年》)

此句"筚路蓝缕,以启山林"出自《左传·昭公十二年》"昔我先王熊绎,辟在荆山,筚路蓝缕以处草莽,跋涉山林以事天子。惟是桃弧、棘矢,以共御王事"的记载。《史记·楚世家》也有记载。春秋时期,晋国得到楚庄王攻打郑国的消息,立刻派兵抗楚救郑,目的是要把郑国争取过来,使它归附晋国。可是晋军还没渡过黄河,郑国由于力量薄弱,已向楚国求和。郑国已经屈服,楚军也准备胜利回师了,晋军该何去何从呢?是停止进军,还是继续追击,军内发生了争执。而此时恰好郑国派人来到晋军中,来人说:"楚军轻而易举地获得胜利,因此很骄傲;另外,现在他们人困马乏,也没有戒备。如果你们出兵攻打,我们在一旁协助,一定能够大败楚军。"大家都觉得来人说得有理。可是晋国有位副将极力反对出兵,说:"楚王经常告诫百姓不要忘记,楚国先君开创基业时的艰难,他们驾着柴车,穿着破烂的衣服,开辟山林荒地。从种种迹象看来,楚军怎么会骄傲呢？师出无名就要打败仗，我军攻打楚军，是我军无理，楚军有理。再说了，楚国国君亲自统率大军，昼夜警戒，严防意外，怎么能说他们人困马乏、没有戒备呢？"但由于主战派的意见占了上风，没有采纳他的正确意见，结果被楚军打得大败。后人据此提炼出成语"筚路蓝缕，以启山林"。

3. 苟利国家生死以，岂因祸福避趋之。(《赴戍登程口占示家人二首》)

此两句出自林则徐的《赴戍登程口占示家人二首》，表示为了家国的利益，愿意付出艰苦的努力，不会因为祸福或避或趋，甚至会置生死以度外。林则徐抗英有功，却遭投降派诬陷，被道光帝革职，发配伊犁效力赎罪。诗人在古城西安与妻子离别赴伊犁时，在满腔愤怒下写下此诗。

4.《典语》云："神农尝草别谷，烝民粒食。"后世至今赖之。(《农政全书·农本》)

这段话出自徐光启的《农政全书·农本》，意思是神农尝百草，甄别五谷，万民以谷物为食，后世至今仍然依赖它。这记述了中华民族先祖不畏险阻，不怕困难甚至死亡威胁，为万民寻找可维持生命的粮食的艰难历程。《农政全书》的主导思想是"富国必以本业"，所以徐光启把《农事》三卷放在全书之前。其中《经史典故》引经据典阐明农业立国之本;《诸家杂论》则引诸子百家言证明古来以农为重;此外兼收冯应京《国朝重农考》,其意皆在"重农"。徐光启的"农本"思想,不但符合农业大国既往之历史,而且未必无补于今时。当前,农业问题和农民问题仍然是国家决策的重要内容。从这一点出发,徐光启的"农本"思想仍有合理因素可取用于现时。

5. 《豳风·七月》之诗,陈王业之艰难。(《农政全书·农本》)

《豳风·七月》这首诗,是一首先秦时代的豳地华夏族民歌。此诗反映了早期的农业生产情况和农民的生活日常,全诗围绕一个"苦"字,按照季节先后,从年初写到年终,从种植养蚕写到打猎凿冰,反映了中华民族先祖一年四季多层面、高强度的劳动。这段话的意思是:《豳风·七月》这首诗,诉说了先帝圣王创业的艰难。

6. 周公曰:"呜呼!君子所其无逸。先知稼穑之艰难,乃逸,则知小人之依。相小人:厥父母勤劳稼穑,厥子乃不知稼穑之艰难,乃逸乃谚,既诞否则,侮厥父母,曰:'昔之人无闻知。'"(《周书·无逸》)

这是周公告诫成王不能贪图安逸,要懂得小民稼穑之艰辛。这段话的意思是,周公说:"啊!做君主的自始就不该贪图安逸啊！如果他提前了解了耕种和收获的艰难之后，再去享受安逸的生活，那就可以明白小民们的疾苦。我们试看小民，爹娘在田地上辛勤劳作，可是他们的儿子，不理会务农的辛苦，于是就安逸了，就任性了，为日既久，又侮辱他的爹娘道：'老一辈的人懂得些什么！'"

7. 猰貐、凿齿、九婴、大风、封豨、修蛇皆为民害。尧乃使羿诛凿齿于畴华之野，杀九婴于凶水之上，缴大风于青丘之泽，上射十日而下杀猰貐，断修蛇于洞庭，禽封豨于桑林。万民皆喜，置尧以为天子。(《淮南子·本经训》)

这是记述先祖不惧挑战，不畏磨难，为百姓开太平的伟大事迹。这段话的意思是：猰貐、凿齿、九婴、大风、封豨、修蛇均为害人民。于是尧派后羿去为民除害，在畴华的野外杀死了凿齿，在北方的凶水杀灭九婴，在东方的大泽青丘用系着丝绳的箭来射大风，射十个太阳（射下来九个），接着又杀死猰貐，在洞庭湖砍断修蛇，在中原一带桑林擒获封豨。后羿把那些灾害一一清除。民众都非常开心，并推举尧为领导人（天子）。

8. 又北二百里，曰发鸠之山，其上多柘木。有鸟焉，其状如乌，文首、白喙、赤足，名曰精卫，其鸣自

詨。是炎帝之少女名曰女娃，女娃游于东海，溺而不返，故为精卫，常衔西山之木石，以堙于东海。(《山海经·北山经》)

《山海经》系古代地理类史书，十八卷，撰者不详。西汉刘歆校书时，有三十四篇，歆并为十八篇，《山海经》所描绘的世界，似乎是以《中山经》所在区域为中心，四周有南、西、北、东山经所在区域构成的大陆，大陆被海包围着，四海之外又有大陆，再外还有荒远之地。这反映了周秦时期的地理观，是研究地理学思想史的珍贵材料。这段话描写女娃死后化作精卫，不断衔石填海的故事，表达了先祖不畏艰辛、不惧挑战、克服苦难的坚毅精神。这段话的意思是：再往北二百里，有座发鸠山，山上生长着大量的柘树。山里有种鸟，样子像乌鸦，长着花斑脑袋，有着白色的嘴巴和红色的脚爪，它的名字叫精卫，这鸟的叫声就是自己的名字。精卫本来是炎帝的小女儿，名叫女娃。有一次女娃去东海游玩时溺水身亡，于是化为精卫鸟，经常口衔西山上的树枝和石块来填塞东海。

9. 夸父与日逐走，入日。渴欲得饮，饮于河渭，河渭不足，北饮大泽。未至，道渴而死。弃其杖，化为邓林。(《山海经·海外北经》)

传说古代地区大旱，夸父发誓要把太阳捉住，反映中华民族先祖为了百姓的幸福生活不辞辛劳、不畏挑战的精神。这段话的意思是：夸父追赶太阳，渐渐追上了太阳。这时夸父很渴想要喝水，于是就到黄河、渭河去喝水。夸父喝干了黄河、渭水的水还不解渴，又想去喝北边大沼泽的水，还没跑到就渴死在半路上了。他死时所扔掉的拐杖化成了桃林。

10. 富贵福泽，将厚吾之生也；贫贱忧戚，庸玉汝于成也。（《正蒙·乾称篇》）

语出北宋思想家张载《西铭》一文，《西铭》原为《正蒙·乾称篇》的一部分。这段话的意思是：人只有经历磨难，才能玉汝于成。富贵福泽，将厚实我的生活；而贫穷、困苦的客观条件，艰难的处境，可以锻炼人的意志，使人获得成功。

11.《象》曰：天行健，君子以自强不息。（《周易·乾》）

强者之强，强人也；君子之强，自强者也。强人则竞，自强则纯。这段话的意思是：《象》上说，天之行一日一周，而明日又一周，有重复、坚定、规律之象，因而君子用天道之理，象天之行，君子以此至刚不柔之道，自克己私，尽体天理，发愤图强。

12. 知其为难而以难处，则难或可为；不知为难而以易处，则他日之难有不可为者矣。（《元史·许衡列传》）

这是许衡上书劝诫元世祖的话。意思是：知道办事困难就从困难处着手，那么困难或许可以克服；不知道办事的困难而认为很容易办成，那么将来的困难说不定就无法克服了。做大臣难，做君王也不容易，因此尧舜以来，聪明睿智的帝王都是兢兢业业，小心谨慎，的确懂得上天赋予他们的都是艰巨的任务，受命之初，就没有把治理天下这种事情想得很容易。

13. 竹杖芒鞋轻胜马，谁怕，一蓑烟雨任平生。（《定风波·莫听穿林打叶声》）

《定风波·莫听穿林打叶声》是宋代文学家苏轼的词作，此句表达了作者以泰然处之和淡薄名利的心态对待沉沉浮浮的人生磨难。此词通过野外途中偶遇风雨这一生活中的小事，于简朴中见深意，于寻常处生奇景，表现出旷达超脱的胸襟，寄寓着超凡脱俗的人生理想。上片着眼于雨中，下片着眼于雨后，全词体现出一个正直文人在坎坷人生中力求解脱之道，篇幅虽短，但意境深邃，内蕴丰富，诠释着作者的人生信念，展现着作者的精神追求。

14. 黄沙百战穿金甲，不破楼兰终不还。（《从军行

七首·其四》)

此两句诗出自王昌龄《从军行七首·其四》，表达了守边将士不畏艰险、不畏磨难保家卫国的决心和斗志。楼兰为汉时西域国名，即鄯善国，在今新疆维吾尔自治区鄯善县东南一带。西汉时楼兰国王与匈奴勾通，屡次杀害汉朝通西域的使臣。此处泛指唐西北地区常常侵扰边境的少数民族政权。全诗是"青海长云暗雪山，孤城遥望玉门关。黄沙百战穿金甲，不破楼兰终不还"，意思是：青海湖上乌云密布，遮得连绵雪山一片黯淡。边塞古城，玉门雄关，远隔千里，遥遥相望。守边将士身经百战，铠甲磨穿，壮志不灭，不打败进犯之敌，誓不返回家乡。

15. 鞠躬尽瘁，死而后已。(《后出师表》)

此句出自诸葛亮的《后出师表》。《后出师表》载于三国时期吴国张俨的《默记》，一般认为是诸葛亮的作品，《前出师表》的姊妹篇。这篇文章立论于汉贼不两立和敌强我弱的严峻现实，向蜀汉后主刘禅阐明北伐不仅是为实现先帝的遗愿，也是关系到蜀汉的生死存亡，不能因"议者"的不同看法而有所动摇。全文以议论见长，传达出一股忠贞壮烈之气。意思是：勤勤恳恳，竭尽心力，到死为止。

16. 花繁柳密处，拨得开，才是手段；风狂雨急时，立得定，方见脚根。(《小窗幽记·集醒》)

"花繁柳密处"，这里比喻错综复杂的社会环境；"风狂雨急时"，这里比喻形势危急、潦倒不堪的时候。此句说明能将复杂的局面控制好，才是真正有手段的人，能够在危难时刻岿然不动，才是真正坚定的人。

17. 志不求易，事不避难，臣之职也。不遇盘根错节，何以别利器乎？(《后汉书·虞诩列传》)

此句出自范晔的《后汉书·虞诩列传》，意思是不能只立容易完成的志向，做事也不能逃避困难，要有不惧挑战、不畏磨难的奋斗精神。虞诩是汉朝名将，曾任朝歌长，在今河南省鹤壁市淇县一带以平定匪患名震朝野。永初四年（110），羌豪叛乱，侵扰破坏并州、凉州，大将军邓骘因为军队服役正费钱粮，打算放弃凉州，集中力量对付北方的边患。虞诩听说了这件事，劝谏不要放弃凉州，后来众人一致同意虞诩的意见。邓骘兄弟因为虞诩持不同意见，放弃凉州的计划未被采纳，所以对虞诩心怀不满，打算用吏法进行陷害。后来朝歌县叛匪宁季等几千人造反，攻杀官吏，聚众作乱连年，州郡官府无法镇压。邓骘便任用虞诩充当朝歌县长。虞诩的故人旧友都为他深感忧虑，前来劝说他，虞诩笑着说："立志不求容易，做事不避艰难，乃是臣子的职责。不遇到这些盘根错节、错综复杂的事，用什么来识别刀斧之锋利、人之善恶呢？"

第三节　自我发展，开创新局

1. 凭君且莫哀吟好，会待青云道路平。(《三峡闻猿》)

这两句诗出自诗人慕幽的七律诗《三峡闻猿》，表达人只要有战胜艰难险阻的决心和意志，千磨万击还坚劲，越是艰险越向前，总能凤凰涅槃、浴火重生发展起来的。慕幽是五代吴至南唐初年诗僧。古代中国这样励志自我发展、开创新局的经典名句还很多，比如李白的"长风破浪会有时，直挂云帆济沧海"，朱熹的"为学正如撑上水船，一篙不可放缓"，陆游的"丈夫贵不挠，成败何足论"，苏轼的"道足以忘物之得春，志足以一气之盛衰"，屈原的"路曼曼其修远兮，吾将上下而求索"，蒲松龄的"苦心人，天不负，卧薪尝胆，三千越甲可吞吴"，刘禹锡的"沉舟侧畔千帆过，病树前头万木春"，郑板桥的"咬定青山不放松，立根原在破岩中。千磨万击还坚劲，任尔东西南北风"，等等，无一不表达战胜困难、争取更大胜利、开创新的局面的信心和决心。

2. 命由我作，福自己求。诗书所称，的为明训。（《了凡四训》）

《了凡四训》作者为明代袁黄，后改名了凡。是书为袁了凡作于六十九岁，全文分四个部分，原本为教育自己的儿子，故取名《训子文》；其后为启迪世人，遂改今名。作者以自己的亲身经历，讲述了改变命运的过程，是一本种德立命、修身治世类教育书籍。在《了凡四训》里，袁了凡以其毕生的学问与修养，融通儒道佛三家思想，用自己的亲身经历，结合大量真实生动的事例，告诫世人不要被"命"字束缚手脚，要自强不息，改造命运，开创新局。这段话的意思是：一个人的命运其实是由我们自己设定的，福也要向自己来求。这是诗书中所说的，的确是明理的训诫。

3. 大鹏一日同风起，扶摇直上九万里。（《上李邕》）

此两句出自唐代诗人李白的《上李邕》。"大鹏"是李白诗赋中常常借以自况的意象，它既是自由的象征，又是惊世骇俗的理想和志趣的象征。有说这首诗是李白青年时代的作品，具体创作时间不详。李邕在开元七年（719）至九年（721）前后，曾任渝州（今重庆市）刺史。李白游渝州谒见李邕时，因为不拘俗礼，且谈论间放言高论，使李邕不悦。李白在临别时写了这首态度颇不客气的《上李邕》一诗。他对李邕既是揶揄，又有讽刺，对李邕瞧不起年轻人的态度非常不满。全诗语气直率不谦，态度相当桀骜，充满了初生牛犊不怕虎的锐气，也表现了李白勇于追求且自信、自负、不愿流俗的精神。诗人借大鹏自况，表达了诗人对权贵的傲视和对自由的追求。意思是：大鹏总有一天会和风飞起，凭借风力直上九霄云外。

4. 山重水复疑无路，柳暗花明又一村。(《游山西村》)

此两句出自诗人陆游的《游山西村》。作这首《游山西村》时，陆游正罢官闲居在家。一年前，陆游因积极支持抗金将帅张浚北伐，后遭到朝廷中主和投降派的排挤打击，以"力说张浚用兵"的罪名，从隆兴府（今江西南昌市）通判任上罢官归里。陆游回到家乡的心情是相当复杂的，苦闷和激愤的感情交织在一起，然而他并不心灰意冷。"慷慨心犹壮"(《闻雨》)的爱国情绪，使他在农村生活中感受到希望和光明，并将这种感受倾泻到自己的诗歌创作里。当人们吟诵这两句诗时，不单是欣赏这难以言状的美妙的山村自然风光，而且从中领悟到它所蕴含的哲理启示：只要人们正视现实，面对重重艰难险阻，不退缩，不畏惧，勇于开拓，发奋前进，那么，前方将是一个充满光明与希望的崭新境界。

5. 然则天地亦物也。物有不足，故昔者女娲氏练五色石以补其阙；断鳌之足以立四极。其后共工氏与颛顼争为帝，怒而触不周之山，折天柱，绝地维，故天倾西北，日月辰星就焉；地不满东南，故百川水潦归焉。（《列子·汤问》）

这是一则华夏先祖开创中华民族古代文化之先河的神话故事。宇宙万物都有自身不足的时候，要靠宇宙万物自身发展、开创新局。这段话的意思是：天地也是物体。物体自有不足之处，所以过去女娲氏烧炼五种颜色的石头去弥补天地的空缺，砍断鳌鱼的脚去撑起天地的四角。后来共工氏与颛顼争夺帝位，因愤怒而碰到了不周山，折断了顶着天的柱子，扯断了拉着地的绳子，天往西北方向倾斜，所以日月星辰都向西北运动；地往东南方向下陷，所以江河湖水都向东南流淌汇集。

6. 民食果蓏蚌蛤，腥臊恶臭而伤害腹胃，民多疾病；有圣人作，钻燧取火，以化腥臊，而民说之，使王

天下，号之曰燧人氏。(《韩非子·五蠹》)

这段话是燧人氏取火开创人类文明的神话故事。燧人氏钻木取火，从而彻底改变了人类吃生食的习惯，摆脱了茹毛饮血的原始状态。火的使用提高了原始人类适应自然环境的能力，促进了体质的发展和脑的进化，使人类彻底与兽类区别开来，开创了伟大的华夏文明。

7. 包牺氏没，神农氏作，斫木为耜，揉木为耒，耒耨之利，以教天下，盖取诸《益》。(《周易·系辞下传》)

这段话记载的是神农氏制作农具教人耕种的神话故事。神农氏，中国上古人物，被世人尊称为药王、五谷王等，华夏太古三皇之一。他遍尝百草，教人医疗与农耕，使我国原始居民由采集狩猎生活开始向农耕生活转变。

8. 依《礼》，二名义不偏讳，尼父达圣，非无前指。近世以来，曲为节制，两字兼避，废阙已多，率意而行，有违经语。今宜依据礼典，务从简约，仰效先哲，垂法将来，其官号人名及公私文籍，有"世"及"民"两字不连读，并不须避。(《贞观政要·礼乐》)

这是唐太宗李世民学习古代帝王，取消为帝王名忌的陈规陋习，建立新规，彰显了唐太宗自我发展、开创新局的帝王气势。这段话的意思是：按照《礼记》，人名是两个字的，只要不是两个字连着出现，就不要避讳。孔子是通达事理的圣人，以前不是没有指出过这种事。近世以来，世人多加禁忌，生出很多避讳，与《礼记》的规定不符。现在应该遵循经典，从简约出发，效仿先哲，规范后世。官员的称谓、姓名，公私的文章书籍，只要"世"和"民"两个字不连读，就没有必要避讳。

9. 问渠那得清如许？为有源头活水来。(《观书有感》)

此两句诗出自宋代朱熹的《观书有感二首·其一》。此诗是抒发读书体会的哲理诗，描绘事物本身感性的形象时，又蕴涵了理性的东西。只有半亩地的一个方方的池塘不算大，但它像一面镜子那样澄澈明净。"一鉴"的"鉴"，就是"镜"，照人的镜子。"半亩方塘"像一面镜子那样打开了，"天光云影"都被"镜子"反映出来了，闪耀浮动，情态毕见。方塘为何始终保持如此之清？因为有源头活水的不断输入，所以它永不枯竭、永不陈腐、永不污浊。

10. 博学之，审问之，慎思之，明辨之，笃行之。……果能此道矣，虽愚必明，虽柔必强。(《中庸》)

这段话表示人要发展、开拓新局，就必须要多学、多问、多思考、多辨明、多实践。博学，多问，慎思，明辨，笃行，果然能做到这样，即使是愚笨的人也会变得聪明，即使是柔弱的人也会变得刚强。

11. 贤人君子，明于盛衰之道，通乎成败之数，审乎治乱之势，达乎去就之理。故潜居抱道，以待其时。若时至而行，则能极人臣之位；得机而动，则能成绝代之功。如其不遇，没身而已。是以其道足高，而名重于后代。（《素书》）

这段话出自黄石公的《素书》，表示做事业要坚守正道，等待时机，乘势而行，才能开创新局，取得长足的发展。贤明的人和有德行的君子，都明白世间万物兴盛、衰败的道理，通晓事业成功、失败的规律；审视社会治乱的形势，懂得把握进退的尺度。因此当时机不对时，能够及时隐退，坚守正道，等待时机来临。一旦时机成熟，便乘势而行，于是常常能够位极人臣，建立盖世之功。如果时运不济，他们也能守得淡泊以终其生。正是因为其有这样足够高的境界，而能成为后世的典范，为后代所敬仰。

12. 天与水违行，讼。君子以作事谋始。（《周易注·讼》）

这段话表示人们做任何事业，要做到一开始就有规划和打算，才能自我发展，开创新局。"讼"，是争论、争辩;"谋始",是开始时慎重考虑。《象传》说:《讼》卦的乾卦三阳爻位于坎卦之上,坎为水,乾为天,天与水各自向相反的方向运行,因此会发生争斗,所以君子在开始做事时,要细细谋划。意指君子在做事前要深谋远虑,从开始就要消除可能引起争端的因素。

13. 众少成多,积小致巨。故圣人莫不以暗致明,以微致显;是以尧发于诸侯,舜兴虖深山,非一日而显也,盖有渐以致之矣。(《资治通鉴·汉纪九》)

这段话出自董仲舒《天人三策》。董仲舒对汉武帝说:积少成多,积小成大,古代圣人没有一个不是由默默无闻而变成美名远扬、由卑微而达到显赫的。因此尧起步于诸侯,舜兴起于深山之中,并不是一日之内突然显赫起来,应该说是逐渐达到的。

14. 年少不应辞苦节,诸生若遇亦封侯。(《送薛居士和州读书》)

出自唐代诗人严维的《送薛居士和州读书》,此句是作者表达对薛居士的期待,希望他不怕吃苦,自觉努力,最终功成名就,为自己的人生开创新局。"年少不应辞苦节,诸生若遇亦封侯",意思是年轻人应该不畏惧辛苦,努力读书,有知识学问总会有显赫功名的那一天。作者送薛居士前往和州读书,和州"楚地巢城民舍少,烟村社树鹭湖秋",是一个人烟稀少的偏僻村庄,所以作者以此勉励薛居士。

第三章
不断进步、不断发展的物质文明

中华文明突出的创新性，直观体现在物质创造和科技创新中。与生俱来的创新思维、敢于拼搏的精神力量、与时俱进的思想品格，形塑了伟大的古代中华民族自觉担当、爱家护国的责任意识。在修身、齐家、治国、平天下的神圣责任意识指引下，他们不仅创造了伟大的精神文明，也创造了光辉灿烂的物质文明。以农耕为主的古代先祖在农业、技术、科学等领域都曾创造了伟大的功绩，不仅源远流长、泽被后世，而且在世界民族之林也大放异彩。作为一个农业大国，中华民族自古以来就十分重视农业生产和科学技术的发展。农业生产技术从原始社会的刀耕火种，发展到夏商、西周时期的石器锄耕，再到春秋战国时期的铁犁牛耕，无不闪烁着创新的光芒。两千多年前的大秦帝国，曾经缔造了无数让后人万世景仰的伟业：灌溉关中沃野的郑国渠、造就天府之国的都江堰，不仅缔造了中国古代水利工程的辉煌，也给中华大地带来了平安和富足。火药、指南针、印刷术、造纸术，是中国古代创新的智慧成果，对西方乃至世界文明的发展产生了巨大影响。制茶技术的发展、造酒技术的进步、造糖技术的创新、纺织和冶炼技术的精湛，让我们无不感叹中华民族对美好生活的执着追求与激情。我们的古代先祖运用天人合一的朴素智慧，带领着中华民族从蛮荒的原野中奋力开出了和谐伟大的新型农业文明。《农政全书》《氾胜之书》《齐民要术》，则像一位位老朋友，向我们细细地诉说着古代先民伟大的梦想、伟大的创造与伟大的事业，绘声绘色地描绘了古老的中华民族波澜壮阔的历史往事。以下文献主要选取了农业、手工业以及科学理论等领域具有代表性的技术在不同时期的创新过程，以展现中华民族不断进步、不断创新的物质文明。

第一节 农业技术，砥砺创新

1. 九州之土，为九十物。每州有常，而物有次。群土之长，是唯五粟。五粟之物，或赤，或青，或白，或黑，或黄。五粟五章。五粟之状，淖而不肕，刚而不觳，不泞车轮，不污手足。其种大重、细重、白茎、白秀，无不宜也。五粟之土，若在陵在山，在隤在衍。其阴其阳，尽宜桐柞，莫不秀长。其榆其柳，其檿其桑，其柘其栎，其槐其杨，群木蕃滋，数大条直以长。其泽则多鱼。牧则宜牛羊。其地其樊，俱宜竹箭，藻龟桢檀。五臭生之。薜荔白芷，蘼芜椒连，五臭所校，寡疾难老，士女皆好，其民工巧。其泉黄白，其人夷姤。五粟之土，

干而不挌，湛而不泽，无高下，葆泽以处，是谓粟土。
(《管子·地员》)

《管子·地员》是我国最早的土地分类专篇，主要论述中国土地分类，涉及土壤地理和植物地理。这段话的意思是：九州的土壤，有九十种。每一种土壤都有它固定的特征，而土的种类是有等次的。各类土壤中最上等的，是五种粟。五种粟土的颜色，是红、青、白、黑、黄。五种粟土的性状，湿而不黏，干燥而不瘠薄，不泥阻车轮，也不污浊手脚。用它种植谷物，宜于大重和细重，白茎白穗，无不适合。五种粟土，无论在丘陵或在山地，在水边或在平原，在阴面或在阳面，都可种桐树和柞树，而无不长得秀美和高大。这里的榆、柳、桑、柘、栎、槐、杨等等，各种树木的生长，快而且大，其枝条直而且长。这里的池泽多鱼，这里的牧场适于牛羊。这里的土地、山边，都适合生长竹、箭、枣、楸、楢木和檀木。这里还生长五种有香味的植物：薛荔、白芷、藨芫、椒树和兰花。五香植物所产生的效用，使人少病而推迟衰老，士女都生得美，民众都心灵手巧。那地方的泉水呈黄白色，人的容颜润嫩。五粟土，干燥而不坚硬，湿润而不散脱，无论高地低地，都经常保持水分，这就是所谓粟土。

2. 五耕五耨，必审以尽。其深殖之度，阴土必得。大草不生，又无螟蜮。(《吕氏春秋·任地》)

春秋战国时期人们创造性地提出深耕熟耰的农业技术，即深耕之后，将土块打碎，以达到抗旱、防虫、增产的目的。这段话的意思是：播种之前耕五次，播种之后锄五次，一定要做得仔细彻底。耕种的深度，以见到湿土为准。这样，田垦就不生杂草，又没有各种害虫。

3. 美金以铸剑戟，试诸狗马；恶金以铸鉏、夷、斤、劚，试诸壤土。（《国语·齐语》）

这段话是关于铁农具最早的记载。意思是：好的金属（青铜类）用来铸造剑戟，然后用狗马来试验是否锋利；稍差的金属（铁类）用来铸造锄犁等农具，然后用土壤来试验是否合用。

4. 古之耕者用耒耜，以二耜为耦而耕，皆人力也。至春秋之间，始有牛耕，用犁。（《农政全书·农本》）

由于深耕需要实行垄作法以加深耕土层，但开沟起垄劳动量很大，仅凭人力难以满足这一客观要求，人们便开始创造性地使用牛耕技术开沟起垄。在纯粹依靠人力的耒耜农具基础上，古代农业技术进一步发展到使用犁、依靠牛力的耕作技术。这段话的意思是：古代耕田用耒耜这种农具，用两个耜并列耕地，都是依靠人力。到春秋之间，开始使用牛耕，使用犁这种农具。

5. 夫肥沃墝埆，土地之本性也。肥而沃者性美，树稼丰茂。墝而埆者性恶，深耕细锄，厚加粪壤，勉致人功，以助地力，其树稼与彼肥沃者相似类也。（《论衡·率性》）

《论衡》是中国历史上东汉时期思想家王充的一部著作，是一部古代唯物主义的哲学文献。这段话是王充论土地。到了汉代，农业生产得到进一步的发展，在深耕基础上，又创造性提出了细锄技术及提升土壤的肥力，深耕细锄是汉代农业生产对整地的技术要求。这段话的意思是：肥沃与贫瘠，是土地的本性。土肥而有水浇灌的，本性美好，种庄稼长得很茂盛。土地高低不平而瘠薄的，本性恶劣，要是深耕细锄，多加粪土，努力加上人的功夫，以帮助地力，这样种下的庄稼与那肥沃土地就会相类似。

6. 耒耜，农书之言也，民之习通谓之犁。冶金而为之者曰犁镵、曰犁壁；斫木而为之者曰犁底、曰压镵、曰策额、曰犁箭、曰犁辕、曰犁梢、曰犁评、曰犁建、曰犁槃，木与金凡十有一事。耕之土曰墢，墢犹块也，起其墢者镵也，覆其墢者壁也。（《耒耜经》）

《耒耜经》是唐代陆龟蒙撰写的一本古农具专志，是中国有史以来独一无二的专门论述农具的古农书经典著作。《耒耜经》共记述农具四种，是研究古代耕犁最基本、最可靠的文献。唐代曲辕犁是我国犁耕发明创造史上里程碑性工具：它的出现是我国耕作农具成熟的标志。这段话的意思是，"耒耜"是农书中的用语，是学名，人民群众习惯上把"耒耜"叫作"犁"。用铁做的部分，叫犁镵、犁壁；用木头做的部分叫犁底、压镵、策额、犁箭、犁辕、犁梢、犁评、犁建、犁槃等，总共由11个零部件组成。犁镵用以起土，犁壁用于翻土。

7. 凡已耕耙欲受种之地，非耢不可，谚曰："耕而不耢，不如作暴。"（《王祯农书·农器图谱》）

元朝的《王祯农书》在中国古代农学遗产中占有重要地位，它兼论中国北方农业技术和中国南方农业技术。《王祯农书》在前人著作基础上，第一次对所谓的广义农业生产知识作了较全面系统的论述，提出中国农学的传统体系。耕耙耢技术是魏晋南北朝时期发明的碎土保湿的农业生产技术，以至唐宋以后一直沿袭使用。耙用于碎土，耢用于平整土地，从而在地面上形成一层松软土层，起到保墒抗旱的作用，耕耙耢技术主要体现了中国古代农业精耕细作的特点。这段话的意思是，凡是已经耕耙准备下种的地，非耢不可。俗话说："耕而不耢，不如作暴。"

8. 既种而无行，耕而不长，则苗相窃也。……茎生有行故速长，弱不相害故速大。衡行必得，纵行必术。

正其行，通其风，夬必中央，帅为泠风。苗其弱也欲孤，其长也欲相与居，其熟也欲相扶。是故三以为族，乃多粟。(《吕氏春秋·士容论》)

古代农业的播种技术也是日新月异地发展创新，从而推动农业产量的不断攀升。商周时期的播种方法还是撒播为主，到春秋战国时期就已经出现了条播。《吕氏春秋·士容论》详细记载了条播技术。这段话的意思是：庄稼种下去却密密麻麻没有行列，尽力耕耘也难以长大，这是苗盗，苗与苗相互侵吞了。……禾苗出土成行，所以迅速生长；小时互不妨害，所以发育很快。横行一定要恰当，纵行一定要端直。要使行列端正，和风通畅，一定注意疏通田地的中心，使田中到处吹到和风。禾苗幼小时以独生为宜，长起来以后应靠拢在一起，成熟时应互相依扶。禾苗三四株长成一簇，就能多打粮食。

9. 崔寔《政论》曰："武帝以赵过为'搜粟都尉'，教民耕殖。其法：三犁共一牛，一人将之，下种，挽耧，皆取备焉；日种一顷。至今三辅犹赖其利。"(《齐民要术·耕田》)

在条播的耕作方法下，古代农民最重要的一个发明就是播种机械耧犁（三脚耧）的制作，将开沟和播种结合在一起。《齐民要术·耕田》记载了播种机械耧犁的工作机理。这段话的意思是：崔寔《政论》说，汉武帝用赵过做搜粟都尉，教百姓耕田种庄稼。赵过的方法是，一头牛带三个犁，一个人操纵着，连下种带拉耧都做到了。一日种一顷地。到现在（后汉末），三辅的农民还依靠它。

10. 五月可别种及蓝，尽夏至后二十日，止。（《齐民要术·水稻》）

汉代在播种方面另外一个重大创造性成就是水稻的育秧移栽技术，这在水稻栽培史上是一重大突破。《齐民要术·水稻》这段话是关于水稻移栽的最早记载，标志着水稻栽培技术的进步。

11. 《纂文》曰："养苗之道，锄不如耨，耨不如铲。铲：柄长二尺，刃广二寸，以划地除草。"（《齐民要术·耕田》）

这是古人创新的培育禾苗的方法，即中耕技术。这段话的大致意思是说：培养禾苗的方法，锄不如耨，耨不如铲。铲是柄长二尺、刃宽二寸的农具，用来和地面平行地推过去除草。

12. 成周沟洫之制，与井田并行。匠人之职：方井之地，广四尺者，谓之沟。十里之成，广八尺者，谓之洫。百里之同，广二寻者，谓之浍。（《农政全书·水利》）

这是记叙古代人们较早发明的水利技术的文献。商周时期的灌溉系统主要是修建沟洫，灌排两用。夏商周时期的黄河流域河水经常泛滥，在平原地区发展农业就必须先开沟排水，先民进行土地整治，划分田界疆域，形成井田即方块田，并在井田中建立起规整的沟洫系统。沟洫农业从夏禹致力沟洫便开始萌芽，到了周朝形成比较完备的井田沟洫制度。这段话的意思是：周成王时期的沟洫制度，是与井田制一起形成的。有专门的人负责，在方井之地修水利，宽度四尺的叫沟；十里的田地里，宽度为八尺的叫洫；百里的田地里，宽度为十六尺的叫浍。

13. 凡稻防旱借水，独甚五谷。厥土沙、泥、硗、腻，随方不一。有三日即干者，有半月后干者。天泽不降，则人力挽水以济。凡河滨有制筒车者，堰陂障流，绕于车下，激轮使转，挽水入筒，一一倾于枧内，流入亩中。昼夜不息，百亩无忧。（《天工开物·乃粒》）

《天工开物》被称为中国17世纪的工艺百科全书，明代江西宋应星著。这里记载的是古代农业生产中水利技术筒车的发明使用。意思是：水稻比其余谷物更需要防旱。稻田里的土有沙土、泥土、瘦土、肥土，随地而异。有不灌水三天就干的，也有半月后才干的。天不下雨，就要人力引水接济。靠河边的农家有造筒车的，筑坝拦水，让水经车下冲激水轮旋转，再将水引入筒内，各个筒内的水分别倾入槽中,再流进田里。昼夜不息,百亩稻田的灌溉都不用担心。

14. 于楚,西方则通渠汉水、云梦之野,东方则通鸿沟江淮之间。于吴,则通渠三江、五湖。于齐,则通菑、济之间。于蜀,蜀守冰凿离碓,辟沫水之害,穿二江成都之中。此渠皆可行舟,有余则用溉浸,百姓飨其利。……西门豹引漳水溉邺,以富魏之河内。而韩闻秦之好兴事,欲罢之,毋令东伐,乃使水工郑国间说秦,令凿泾水自中山西邸瓠口为渠,并北山东注洛三百余里,欲以溉田。中作而觉,秦欲杀郑国。郑国曰:"始臣为间,然渠成亦秦之利也。"秦以为然,卒使就渠。渠就,用注填阏之水,溉泽卤之地四万余顷,收皆亩一钟。于是关中为沃野,无凶年,秦以富强,卒并诸侯,因命曰郑国渠。(《史记·河渠书》)

《史记·河渠书》是中国第一部水利通史,简要叙述了从上古至秦汉的水利发展情况,是系统介绍中国古代水利及其对国计民生影响的权威性记录。司马迁在此书篇末,一一列叙其游历过的江河山川,从而归结为一个概念:"甚哉,水之为利害也!"由此首创"水利"一词,深刻反映了司马迁对治水重要性的明确认识和深切关注。春秋战国时期,我国古代农田水利迅速发展,修建了一批用于农业灌溉的水利工程,其中包含着诸多世界一流的创新技术。这段话的意思是:在楚地,西方在汉水和云梦泽之间修渠连通，东方则在江淮之间用沟渠相连。在吴地于三江、五湖间开凿河渠。在齐则于菑、济二水间修渠。在蜀，有蜀守李冰凿开离碓（都江堰），以避沫水造成的水灾，又在成都一带开凿二条江水支流。这些河渠水深都能行舟，有余就用来灌溉农田，百姓获利不小。……西门豹引漳水灌溉邺郡的农田（引漳十二渠），使魏国的河内地区富裕起来。韩国听说秦国好兴办工役等新奇事，想以此消耗它的国力，使它无力对山东诸国用兵，于是命水利工匠郑国找机会游说秦国，要它凿穿泾水，从中山（今陕西泾阳县北）以西到瓠口，修一条水渠，出北山向东流入洛水，长三百余里，欲用来灌溉农田。渠未成，郑国的目的被发觉，秦国要杀他，郑国说："臣开始是为韩国做奸细而来，但渠成以后确实对秦国有利。"秦国以为他说得对，最后命他继续把渠修成。渠成后，引淤积混浊的泾河水灌溉两岸低洼的盐碱地四万多顷，亩产都达到了六石四斗。从此关中沃野千里，再没有饥荒年成，秦国富强起来，最后并吞了诸侯各国，于是把此渠命名为郑国渠。

第二节　手工技艺，迭代更新

1. 凡作酒醴须曲，而蒲桃、蜜等酒独不用曲。(《新修本草》)

《新修本草》是古代中药学著作之一，由唐代苏敬主持编纂，李勣等二十二人修定，于唐显庆二至四年编著，世称《唐本草》。这里讲的是中华民族先祖创造的最早的酿酒技术（自然发酵法），即不需要酒曲的葡萄酒酿酒技术，葡萄无须酒曲也能自然发酵成酒（果酒），这种不用曲的自然发酵的果酒在原始社会中就已出现。意思是：凡制作酒一般需要用酒曲，但是葡萄酒、蜜酒等制作时则无须用曲。

2. 其为饮食酏醴也，足以适味充虚而已矣。(《吕氏春秋·孟春纪》)

对此，汉高诱注：醴者，以蘖与黍相体，不以曲也，浊而甜耳。这是古代先祖创造了粮食酒的记载。"蘖"，酿酒的曲，甲骨文中记有蘖粟、蘖来。蘖来即麦芽，它含有丰富的淀粉酶。将酒曲与谷物一同浸水，可使淀粉糖化、酒化，再过滤而得醴酒。不过醴酒的酒精度很低，是一种味道淡薄的甜酒。

3. 作三斛麦曲法：蒸、炒、生，各一斛。炒麦，黄，莫令焦。生麦，择治甚令精好。种各别磨，磨欲细。磨讫，合和之。(《齐民要术·造神曲并酒等》)

《齐民要术》最早记载了我国古代迥异于欧洲的先进酿酒技术，从作曲、造酒、藏酒等方面都有详细严谨的记叙。这段是记叙酿酒的第一步，即制作酒曲。意思是，作三斛麦曲的方法：蒸熟的、炒熟的和生的各一斛。炒的，只要炒黄，不要炒焦。生的，拣选洗净，务必要极精细极洁净。三种分别磨，要磨得很细。磨完后，把三种合拢，搅合均匀。

4. 然季疵以前称茗饮者，必浑以烹之，与夫沦蔬而啜者无异也。(《茶中杂咏·序》)

晋宋以降，吴人采其叶煮，是为茗粥。(《膳夫经

手录》）

《茶中杂咏》是皮日休途经苏州时写下的一组咏茶诗歌，内容包括茶坞、茶人、茶笋、茶籝、茶舍、茶灶、茶焙、茶鼎、茶瓯、煮茶十首，这组诗作对唐代茶事进行了生动细致的描写，宛如一幅古代茶文化的巨型画卷。"杂咏"，无固定主题、即兴创作的诗歌作品。皮日休的《茶中杂咏》以诗人的灵感、丰富的词藻，艺术、系统、形象地描绘了唐代茶事，对茶叶文化和茶叶历史的研究，具有重要的意义。《膳夫经手录》是唐代的烹饪书、茶书，杨晔撰，书中介绍了26种食品的产地、性味和食用方法，此外还概述了饮茶的历史，介绍了各地的茗茶。最初的粥茶法是煮茶与煮菜汤差不多，把茶叶和各种佐料煮在一起。这两段话的意思是：唐代茶学家陆羽之前的饮茶法，"浑以烹之"，煮成浓厚的羹汤而饮，和蔬菜羹汤吃法没有两样。晋宋以来，吴国人采摘茶叶烹煮，称之为粥茶。

5. 茶有千万状，卤莽而言，如胡人靴者，蹙缩然；犎牛臆者，廉襜然；浮云出山者，轮囷然；轻飙拂水者，涵澹然。有如陶家之子，罗膏土以水澄泚之。又如新治地者，遇暴雨流潦之所经。此皆茶之精腴。（《茶经·造》）

……初沸，则水合量调之以盐味，谓弃其啜余。无乃䭠䦈而钟其一味乎？第二沸出水一瓢，以竹筴环激汤

心，则量末当中心而下。有顷，势若奔涛溅沫，以所出水止之，而育其华也。(《茶经·煮》)

唐代先民饮茶如同吃饭一样频繁，陆羽是此时的著名茶神，作为制茶技术的一位开拓者，他撰写了《茶经》一书，为后世茶人提供了品茶香、行茶道、论茶艺、学茶礼的典范。唐代尚处于粗放式饮茶到精致式饮茶的过渡时期，流行的是饼茶。饼茶的外观千形万状，不宜煎煮，必须经过加工，加工的过程包括炙茶、碾茶、罗茶三道程序。这两段话的意思是：茶饼的形状千姿百态，粗略地说，有的像（唐代）胡人的靴子，皮革皱缩着；有的像封牛的胸部，有细微的褶痕；有的像浮云出山，团团盘曲；有的像轻风拂水，微波涟漪；有的像陶匠筛出细土，再用水沉淀出的泥膏那么光滑润泽；有的又像新整的土地，被暴雨急流冲刷而高低不平。这些都是精美上等的茶。饼茶制作既成，接着是碾，碾茶的用具是碾与拂尘，将冷却后的饼茶敲碎，放入碾槽中碾成粉，碾碎的茶末还要罗，才能使茶末不至于过粗。碾出的茶末细得像米粒一样。……煮茶，水开始沸腾时，按照水量放适当的盐调味。切莫因无味而过分加盐，否则，不就成了特别喜欢这种盐味了吗？第二沸时，舀出一瓢水，再用竹筴在沸水中转圈搅动，用"则"量茶末沿漩涡中心倒下。过一会儿，水大开，波涛翻滚，水沫飞溅，就把刚才舀出的水掺入，使水不再沸腾，以保养水面生成的"华"。

6. 今旗芽枪甲，汤不足，则茶神不透，茶色不明。故茗战之捷，尤在五沸。(《茶话》)

《茶话》为明代著名的文学家、文艺批评家、书画家及鉴藏家陈继儒撰。陈继儒的《茶话》中有一句深得茶人心："品茶一人得神，二人得趣，三人得味，七八人是名施茶。"元代后，茶艺发生巨大的、全域性的改观，饮散茶之风兴起，及至明代，散茶完全取代了末茶。今天我们喝的绿茶、红茶、花茶、乌龙茶，统统属于散茶。这种茶的制作，是将茶叶或茶芽采摘下来，晒干或焙烤干，直接在壶或碗中沏着喝，一般不掺香料也不压饼。这段话的意思是：在茶壶中沏散茶，如果茶汤不够则茶色不透，要想沏出好茶关键在于要使茶汤沸腾五次。

7. 凡造糖车，制用横板二片，长五尺，厚五寸，阔二尺，两头凿眼安柱。上笋出少许，下笋出板二三尺，埋筑土内，使安稳不摇。上板中凿二眼，并列巨轴两根，轴木大七尺围方妙。两轴一长三尺，一长四尺五寸，其长者出笋安犁担。担用屈木，长一丈五尺，以便驾牛团转走。轴上凿齿分配雌雄，其合缝处须直而圆，圆而缝合。夹蔗于中，一轧而过，与棉花赶车同义。(《天工开物·甘嗜》)

这段话对造糖车原理作了详细的说明。意思是说：制造糖车要用两块横板，各长五尺，厚五寸，宽二尺，板的两端凿空安柱。柱上部的榫露出横板外一些，下榫穿过下横板外露二三尺，埋在地下，使糖车安稳不摇动。上横板中部凿二眼，并列安上两根大木辊，木辊周长大于七尺才合适。两辊中一个长三尺，另一个长四尺五寸。长辊的榫露出横板以便安装犁担。犁担用长一丈五尺的曲木做成，以便驾牛转圈走动。辊上凿有互相咬合的凹凸齿，两辊相遇之处必须直而圆，使之密合。把甘蔗夹在两辊之间一轧而过，这与轧棉花的赶车是同样的道理。

8. 凡取油，榨法而外，有两镬煮取法，以治蓖麻与苏麻。北京有磨法，朝鲜有舂法，以治胡麻。其余则皆从榨出也。凡榨，木巨者围必合抱，而中空之。其木樟为上，檀与杞次之。此三木者脉理循环结长，非有纵直文。故竭力挥椎，实尖其中，而两头无璺拆之患。（《天工开物·膏液》）

中国古代创造了榨油的技术。这段话的意思是：制取油料时，除榨法以外，还有用两口锅煮以处理蓖麻和苏麻的方法。北京有磨法、朝鲜有舂法来处理芝麻。其余的都是用榨法来制取。用巨木做榨，围粗必须用双手可以合抱的，将其中间挖空，木料以樟木为上，其次是檀木与杞木。这三种木料的纹理呈长圆形圈状，一圈围着一圈，没有纵直纹。这样将尖楔插入其中，极力捶打，两端才没有断裂之患。

9. 凡花机，通身度长一丈六尺，隆起花楼，中托衢盘，下垂衢脚。对花楼下堀坑二尺许，以藏衢脚。提花小厮坐立花楼架木上。机末以的杠卷丝，中用叠助木两枝，直穿二木，约四尺长，其尖插于筘两头。(《天工开物·乃服》)

中国古代创造发明了织纱用的提花机，这里详细描述了提花机的构造。这段话的意思是：提花机通长一丈六尺，其高高隆起的部分是花楼，中间托着衢盘，下面垂吊着衢脚。对着花楼的地下挖二尺深的坑，以容纳衢脚。提花的徒工坐立在花楼的木架上。提花机末端用的杠卷丝，机的中部用两根叠助木来穿接两根约四尺长的木棍，棍尖插入筘的两端。

10. 国初时，有一妪名黄道婆者，自崖州来，乃教以做造捍弹纺织之具，至于错纱配色，综线挈花，各有其法，以故织成被褥带帨。其上折枝团凤棋局字样，粲然若写。人既受教，竞相作为，转货他郡，家既就殷。(《南村辍耕录》)

《南村辍耕录》简称《辍耕录》，是元末明初文学家陶宗仪创作的一部有关元朝史事的笔记。《南村辍耕录》的性质属于历史琐闻笔记，以元代为主，宋代为次，有的是陶宗仪所见所闻，摘抄前人史料，作考证辨伪，所以《辍耕录》保存了丰富的史料。此段话是该书对黄道婆的记录。松江的黄道婆在纺织技术方面作出了重大的贡献。黎汉融合的革新技术带动了区域棉纺织业高速发展,经过她推广的轧棉车改变了过去"初无踏车、椎、弓之制,率用手剖去子,线弦竹弧置按间,振掉成剂,厥功甚艰"的状况。这段话的意思是:元朝初期(一般说南宋末年),有一个老妇人叫黄道婆,从崖州(今海南)来到松江府,教给人们制作方便弹棉、纺织的工具;至于纺织不同的棉纱、配置颜色,布置纱线组成图案,都有办法。所以织成的被褥、衣带、手绢,上面的折枝、团凤、棋局、字样,清清楚楚,就像写上的一样。人们被她教会以后,争相操作,转卖到别的地方,家里就殷实富裕了。

11. 首山之采,肇自轩辕,源流远矣哉!九牧贡金,用襄禹鼎。从此火金功用,日异而月新矣。夫金之生也,以土为母,及其成形而效用于世也,母模子肖,亦犹是焉。精、粗、巨、细之间,但见钝者司舂,利者司垦;薄其身以媒合水火而百姓繁,虚其腹以振荡空灵而八音起;愿者肖仙梵之身,而尘凡有至象;巧者夺上清之魄,而海寓遍流泉。(《天工开物·冶铸》)

中国古代从夏开始便有了先进精巧的铸造、冶炼金属的技术。这段话的意思是:从黄帝时代便开始在首山采铜铸鼎,其源流已经很久远了。夏禹时,九州的地方官进贡金属,以帮助禹王铸成大鼎。从那以后借火力来冶炼金属的工艺便日新月异地发展起来。金属从土中产生,以土为母。当金属铸成器物而效用于世时,其形状与土制的模型相像，还是以土为母。铸件有精粗、大小的不同。但见钝的用来舂捣，利的用于耕土；薄的可以做成锅子盛水受火，百姓依靠它生活繁衍；中空的大钟通过振荡空气而生八音；信徒们仿拟仙佛之身，在凡世间铸成最好的佛像；精巧的铜镜镜面光滑无比，可夺日月之辉。

12. 金有六齐：六分其金而锡居一，谓之钟鼎之齐；五分其金而锡居一，谓之斧斤之齐；四分其金而锡居一，谓之戈戟之齐；参分其金而锡居一，谓之大刃之齐。（《周礼·考工记》）

东周时期，通过长期青铜器冶炼经验的积累，铜器作坊能够创新性地根据青铜器的不同用途，合理搭配铜与锡、铅的比例，使之能够满足不同功能的需要。这段话的意思是，铜有六种配比：铸造钟鼎一类的器物是六份纯铜一份锡；制作斧斤一类的工具的合金配比是纯铜五份锡一份；制作戈戟之类装在竹木长柄上的兵器的合金配比是四份纯铜一份锡；制造刀剑一类带长刃的劈杀武器的合金配比是三份纯铜一份锡。

13. 又造宿铁刀，其法烧生铁精以重柔铤，数宿则成钢。以柔铁为刀脊，浴以五牲之溺，淬以五牲之脂，斩甲过三十札。（《北齐书·綦毋怀文列传》）

凡铁分生、熟：出炉未炒则生，既炒则熟。生熟相和，炼成则钢。（《天工开物·五金》）

北齐时，綦毋怀文造成了宿铁刀，在冶炼史上，这是一项在冶炼铜、铁基础上的技术创新，即炼钢技术（碳素钢），分别有炒钢法和灌钢法。梁代的陶弘景最早提到灌钢法，这是利用生铁碳高、熟铁碳低的特点，将熔化的生铁灌到熟铁里去，使碳达到设定的水准而成为钢。这两段话的意思是：又打造宿铁刀，方法是把生铁和熟铁放在一起烧炼，经过几个晚上就变成钢。用熟铁制作刀脊，浸在牲畜的尿中，用牲畜的油脂淬火，可以斩断三十札的锁甲。凡是铁都有生铁和熟铁之分，出炉没有炒过的是生铁，炒过的则是熟铁。将生铁和熟铁掺和，熔炼成的就是钢。

14. **凡倭铅，古书本无之，乃近世所立名色。其质用炉甘石熬炼而成。繁产山西太行山一带，而荆、衡为次之。每炉甘石十斤，装载入一泥罐内，封裹泥固，以渐砑干，勿使见火坼裂。然后，逐层用煤炭饼垫盛，其底铺薪，发火煅红，罐中炉甘石熔化成团。冷定，毁罐取出。每十耗去其二，即倭铅也。此物无铜收伏，入火即成烟飞去。以其似铅而性猛，故名之曰"倭"云。**（《天工开物·五金》）

到了明代，中国能生产七种有色金属，包括铜、锡、铅、金、银、汞、锌，尤其晚明时期锌的冶炼技术堪称世界一流，同期的欧洲未能冶炼出锌金属。当时把锌称为倭铅，锌的炼成对于明代重要金属文物宣德炉的出现是一个重要的条件。这段话的意思是：倭铅在古书中本无记载，是晚明才有的金属。主要是用炉甘石熬炼而成。多产于山西太行山一带，而荆州、衡州次之。每十斤炉甘石装入一个泥罐内，用泥包裹封固，再将表面碾光滑，让它慢慢风干，切勿见火，以防裂开。然后逐层用煤炭饼将泥罐垫起，其下面铺柴，用火烧红，使罐中的炉甘石熔化成团后，冷却泥罐并破罐取出，这就是锌。每十斤炉甘石耗去二斤杂质，就是倭铅了。这个金属如果不用铜结合，见火就成烟飞走。其形状像铅而性质猛烈，故称之为倭铅。

15. 五兵之内、六乐之中，微钳锤之奏功也，生杀之机泯然矣。同出洪炉烈火，大小殊形：重千钧者，系巨舰于狂渊；轻一羽者，透绣纹于章服。使冶钟铸鼎之巧，束手而让神功焉。莫邪、干将，双龙飞跃，毋其说亦有征焉者乎？（《天工开物·锤锻》）

中国古代有高巧的锻铁技术。这段话的大致意思是：各种工具和器物都经过熔炉烈火的作用锻造而成，但形状、大小有所不同。重达千钧的铁锚将大船系于狂澜之中，轻如羽毛的铁针在官服上绣出花纹。铸造钟鼎的技术与这神奇的锻造工艺相比，也相形见绌。古时锻造的名剑莫邪、干将挥舞起来如双龙飞跃，这种传说大概是有根据的吧！

16. 水火既济而土合。万室之国，日勤千人而不足，民用亦繁矣哉。上栋下室以避风雨，而瓴建焉。王公设险以守其国，而城垣雉堞，寇来不可上矣。泥瓮坚而醴酒欲清，瓦登洁而醯醢以荐。商、周之际，俎豆以木为之，毋以质重之思耶！后世方土效灵，人工表异，陶成雅器，有素肌玉骨之象焉。掩映几筵，文明可掬。岂终固哉？（《天工开物·陶埏》）

中国古代发明了先进的制陶技术。这段话的意思是说：通过水火交互作用，将黏土烧成陶器供人使用。古人说在有万户人家的地区里，每日一千人勤于制陶也无法满足需要，可见民间用陶器是很多的。房顶要盖瓦以避风雨，王公贵族要用砖修城墙和女墙，保家卫国防御强敌。坚实的陶瓮能使其中存放的美酒保持清香，洁净的高足杯适合盛满供品作祭祀用。商周之际，祭器用木料制成，并非出于重视质朴的缘故，后来各地争献奇技淫巧，使技术日新月异，因而制成优美的陶瓷代替陶木制品。这些陶瓷白如玉，摆在几案和宴会上，其美丽花纹和光亮色彩交相辉映，十分典雅。从这里可以看到，事物怎么会一成不变呢？

17. 石得燔而咸功，盖愈出而愈奇焉。水浸淫而败物，有隙必攻，所谓不遗丝发者。调和一物，以为外拒，漂海则冲洋澜，粘甃则固城雉。（《天工开物·燔石》）

中国古代创造的燔石技术（焙烧矿石）世界闻名。

这段话意思是说：非金属矿石经过焚烧后具有很大的功用，非常奇妙。水渗透到物体内有破坏作用，而且有缝必钻，可以说丝发之缝都不放过。但造船时用石灰调料填缝，便能防止渗水，使船舶劈波斩浪，漂洋过海；以石灰砌砖，可使城池坚固。

18. 离火红而至黑孕其中，水银白而至红呈其变。造化炉锤，思议何所容也！（《天工开物·丹青》）

中国古代创造了制作颜料的方法。这段话的意思是说：松木和桐油在赤火中烧出黑烟，制墨原料就孕育其中；白色水银烧炼后，变成红色银朱，成为作书画的颜料。物质燃烧后所产生的变化，真是不可思议。

19. 火药法：晋州硫黄十四两，窝（倭）黄七两，焰硝二斤半，麻茹一两，干漆一两，砒黄一两，淀粉一两，竹茹一两，黄丹一两，黄蜡半两，清油一分，桐油半两，松脂一十四两，浓油一分。（《武经总要·守城》）

《武经总要》是一部宋代官修兵书，由曾公亮、丁度等奉敕编撰。曾公亮和丁度都是宋仁宗时的著名文臣，曾氏以熟悉法令典故著称，丁氏长于音韵训诂之学。曾公亮等广采古代兵法及本朝计谋方略，用五年时间，编撰成了《武经总要》一书。该书分前、后二集，前集讲军事组织、军事制度、选将用兵、古今阵法、山川地理等军事理论和规则。该书是我国第一部规模宏大的官修综合性兵书,是研究宋代及宋以前军事的重要资料。这段话主要是介绍了火药的制作方法,其中包括硫磺和硝等的配比。

20. 覆载之间之借有楮先生也,圣顽咸嘉赖之矣。身为竹骨与木皮,杀其青而白乃见,万卷百家,基从此起。其精在此,而其粗效于障风、护物之间。事已开于上古。(《天工开物·杀青》)

中国古代就有领先于世界的造纸术。这段话的意思是说:大地之间有赖于被称为楮先生的纸,所有人不管聪明与否都受惠于此物。纸以竹竿和树皮为原料,除去其青皮而制成白纸。诸子百家的万卷图书都借助于纸而传世。精细的纸用在这方面,而粗糙的纸则用以糊窗和包装。造纸术起源于上古。

**21. 庆历中,有布衣毕昇,又为活板。其法用胶泥刻字,薄如钱唇,每字为一印,火烧令坚。先设一铁板,其上以松脂、腊和纸灰之类冒之,欲印则以一铁范置铁板上,乃密布字印。满铁范为一板,持就火炀之,药稍镕,则以一平板按其面,则字平如砥。若止印三二本,未为简易,若印数十百千本,则极为神速。常作二铁板,一板印刷,一板已自布字,此印者才毕,则第二板已具,更互用之，瞬息可就。每一字皆有数印，如"之""也"等字，每字有二十余印，以备一板内有重复者。不用则以纸帖之，每韵为一贴，木格贮之。有奇字素无备者，旋刻之，以草火烧，瞬息可成。不以木为之者，文理有疏密，沾水则高下不平，兼与药相粘，不可取，不若燔土，用讫再火令药镕，以手拂之，其印自落，殊不沾污。
（《梦溪笔谈·技艺》）

《梦溪笔谈》中记载了毕昇发明的活字印刷术的工艺过程，这是世界上最早的活字印刷术，是中国人民对世界的卓越贡献。这段话的意思是：庆历年间，有位叫毕昇的平民又创造了活字印版。他的方法是用胶泥刻字，字的厚薄像铜钱的边缘一般，每个字制成一个字模，用火烧烤使它变得坚硬。先设置一块铁板，上面用松脂、蜡混合纸灰这一类东西覆盖住。想要印刷时，就拿一个铁框子放在铁板上，然后密密地排列好字模。排满一铁框就作为一个印版，拿着它靠近火烘烤；等松脂等物开始熔化时，就拿一块平板按压它的表面，于是，排在板上的字模就平整得像磨刀石一样。如果只印制三两本书，这种方法不是很简便；如果印刷几十乃至成百上千本书，就特别快捷。印刷时通常制作两块铁板，一块印刷，另一块另外排字模。两块交替使用，极短的时间就可以完成。每一个字都有好多个字模，像"之""也"等字，每个字有二十多个字模，用来防备一块板里面有重复出现的字。字模不用时，就用纸条做的标签分类加以标示，每个韵部做一个标签，用木格把它们储存起来。遇到平时没有准备的生僻之字，随即把它刻出来，用草火烧烤，很快可以制成。不拿木头制作活字模，是因为木头的纹理有疏有密，沾了水就会变得高低不平，加上容易与药物互相粘连，不能重新把字模取下来。不如用胶泥烧制字模，使用完毕后，再次用火烘烤，使药物熔化，用手一抹，那些字模就会自行脱落，一点也不会被药物弄脏。

22. 营舍之法，谓之《木经》，或云喻皓所撰。凡屋有三分，自梁以上为上分，地以上为中分，阶为下分。凡梁长几何，则配极几何以为榱等。如梁长八尺，配极三尺五寸，则厅堂法也，此谓之上分。楹若干尺，则配堂基若干尺以为榱等。若楹一丈一尺，则阶基四尺五寸之类，以至承栱榱桷皆有定法，谓之中分。阶级有峻、平、慢三等。宫中则以御辇为法，凡自下而登，前竿垂尽臂、后竿展尽臂为峻道，前竿平肘，后竿平肩，为慢道，前竿垂手，后竿平肩，为平道，此之谓下分。其书三卷。近岁土木之工，益为严善，旧《木经》多不用，未有人重为之，亦良工之一业也。(《梦溪笔谈·技艺》)

《木经》是一部关于房屋建筑方法的著作，也是我国历史上第一部木结构建筑手册。令人遗憾的是，这部书后来失传了，北宋沈括在《梦溪笔谈》中有简略记载。《木经》对建筑物各个部分的规格和各构件之间的比例作了详细具体的规定，一直为后人广泛应用。这段话的意思是：关于房屋的营造技术，有一部专门讨论的书籍叫《木经》，有的说是喻皓所撰。此书将屋舍建筑概括为三分：自梁以上为上分，梁以下、地面以上为中分，台阶为下分。凡是梁长多少，则梁到屋顶的垂直高度就相应地配多少，以此定出比例。如梁八尺，梁到屋顶的高度就配三尺五寸，这是厅堂的规格。这叫作上分。柱子高若干尺，则堂基就相应地配若干尺，也以此定出比例。如柱子高一丈一尺，则堂前大门台阶的宽度就配四尺五寸之类，以至于斗拱、椽子等都有固定的尺寸。这叫作中分。台阶则有"峻""平""慢"三种。皇宫内是以御辇的出入为标准的：凡是抬御辇自下而上登台阶，前竿下垂尽手臂之长，后竿上举也尽手臂之长，这样才能保持平衡的台阶，叫作峻道；前竿与肘部相平，后竿与肩部相平，这样才能保持平衡的台阶，叫作慢道；前竿下垂尽手臂之长，后竿与肩部相平，这样就能保持平衡的台阶，叫作平道。这些叫作下分。

23. 臣闻上栋下宇，《易》为"大壮"之时，正位辨方，《礼》实太平之典。共工命于舜日，大匠始于汉朝，各有司存，按为功绪。况神畿之千里，加禁阙之九重。内财宫寝之宜，外定庙朝之次。蝉联庶府，棋列百司。橃栌枅柱之相枝，规矩准绳之先治。五材并用，百堵皆兴。惟时鸠僝之工，遂考翚飞之室。而斫轮之手，巧或失真；董役之官，才非兼技。不知以材而定分，乃或倍斗而取长。弊积因循，法疏检察。非有治三宫之精识，

岂能新一代之成规？(《进新修〈营造法式〉序》)

《营造法式》是北宋著名建筑学家李诫根据自己的经验在《木经》基础上编撰而成，后来成为一部官方建筑设计、施工规范书，是我国古代最完整、最丰富的建筑技术巨著。这段话出自《营造法式》著作的序言，意思是：我听说，《周易》上栋下宇，以蔽风雨之句，说的是"大壮"的时期；《周礼》"唯王建国，辨正方位"，就是天下太平时候的典礼。"共工"这一官职，在帝舜的时候就有了；"将作大匠"是从汉朝开始设置的。这些官职都有它的职责，分别做自己的工作。至于千里的首都，以及九重的官阙，就必须考虑内部宫寝的布置和外部宗庙朝庭的次序、位置；官署要互相连接，按序排列。枓、栱、枅、柱等相互支撑而构成一座建筑，必须先准备圆规、曲尺、水平仪、墨线等工具。各种材料都使用，大量的房屋都建造起来。按时聚集工役，做出屋檐似翼的官室。虽然工匠的手很巧，但也难免做走了样；主管工程的官，也不能兼通各工种。他们不知道用"枓"来作为度量建筑物比例、大小的尺度，以至于有人用枓的倍数来确定构件长短的尺寸。面对这种积累因循和缺乏检察的弊病，如果对于建筑没有精湛的知识，又怎能制定新的规章制度呢？

第三节　科学理论，迭出新见

1. 方家以磁石磨针锋则能指南，然常微偏东，不全南也。水浮多荡摇，指爪及碗唇上皆可为之，运转尤速，但坚滑易坠，不若缕悬为最善。其法取新纩中独茧缕，以芥子许蜡缀于针腰，无风处悬之则针常指南。其中有磨而指北者，予家指南北者皆有之。磁石之指南，犹柏之指西，莫可原其理。(《梦溪笔谈·杂志一》)

这段话介绍了沈括对利用磁石使铁针磁化用以制作指南针，以及磁石极性、磁针不完全指南现象（磁偏角）的发现、描述与研究，极具研究价值。尤其是磁偏角的发现，西方直到1492年才由哥伦布发现，比沈括足足晚了400多年。这段话的意思是：方术家用磁石磨针尖，则针尖能指南，然而常常微微偏东，不完全指向正南方。让带磁的针浮在水上，则多摇荡；放在指甲上或碗边上试验也可以，而且转动速度更快，但这类物品坚硬光滑，针容易坠落；不如用丝线把针吊起来，这是最好的办法。其办法是从新缫出的丝絮中，抽出由一只茧拉出的丝，用芥末粒大小的一点蜡，把它粘缀于针腰处的平衡点上，在无风的地方悬挂，则针尖常常指南。其中也有针尖磨过之后指北的。我家里指南指北的都有。磁石指南的特性，犹如柏树的生长偏向西方，现在还无法推究其道理。

2. 予观雁荡诸峰，皆峭拔险怪，上耸千尺，穹崖巨谷，不类他山，皆包在诸谷中。自岭外望之都无所见，至谷中则森然干霄。原其理，当是为谷中大水冲激，沙土尽去，唯巨石岿然挺立耳。如大小龙湫、水帘、初月谷之类，皆是水凿之穴。自下望之则高岩峭壁，从上观之适与地平，以至诸峰之顶，亦低于山顶之地面。世间沟壑中水凿之处，皆有植土龛岩，亦此类耳。(《梦溪笔谈·杂志一》)

这是沈括记载的地理科学发现。沈括考察了温州雁荡山独特地形地貌并分析其成因之后，提出的"流水侵蚀作用"的看法是十分正确的，这一观点直到18世纪末英国的赫顿在《地球理论》一书中才出现，比沈括晚了约700年。这段话的意思是：我观察雁荡诸峰，都峭拔险怪，上耸千尺，高崖巨谷，不似他山，然而它们全都包藏在各个山谷中。自岭外望去则什么都看不见，至谷中才发现它们森然耸立，直冲云霄。推原其形成之理，当是因为山谷中大水的冲激，沙土都被冲走，于是就只剩下那些巨大的岩石岿然挺立在那里。如大小龙湫、水帘谷、初月谷之类，都是大水冲凿出来的坑穴。从下面仰望是高岩峭壁，从上面看去则恰与地面相平，以至于诸峰的峰顶也低于山顶之外的地面。世上的沟壑之中，被大水冲凿之处都有直立的土龛和土崖，也属于这一类。

3. 浑天有《灵宪》之文，盖天有《周髀》之法。累代存之，官司是掌。所以钦若昊天，恭授民时。(《周髀算经·序》)

《周髀算经》原名《周髀》，算经的十书之一，是中国最古老的天文学和数学著作，约成书于公元前1世纪，主要阐明当时的盖天说和四分历法，唐初规定它为国子监明算科的教材之一。这段话的意思是：浑天学说有《灵宪》之文，盖天学说有《周髀》之法，历代相传，由官府保存，用以敬祀上天，安排民间事务。

4. 句、股各自乘，并而开方除之。(《周髀算经·卷上》)

《周髀算经》中第一次提出了勾股定理的证明，比毕达哥拉斯早5或6个世纪。勾、股、玄是古代对直角三角形三边的称呼。这段话的意思是：把标杆的高（股）与影子长（勾）各乘上自己的数值，并将这两个平方相加起来，然后取和的平方根。

5. 二月癸未，晋悼夫人食舆人之城杞者。绛县人或年长矣，无子而往，与于食。有与疑年，使之年，曰："臣，小人也，不知纪年。臣生之年，正月甲子朔，四百有四十五甲子矣，其季于今三之一也。"吏走问诸朝。师旷曰："鲁叔仲惠伯会郤成子于承匡之岁也。是岁也，狄伐鲁，叔孙庄叔于是乎败狄于咸，获长狄侨如及虺也、豹也，而皆以名其子。七十三年矣。"史赵曰："亥有二首六身，下二如身，是其日数也。"士文伯曰："然则二万六千六百有六旬也。"（《左传·襄公三十年》）

这是记载中国最早发明数学中位值制原理的有趣故事。这段话的意思是：公元前543年二月癸未，晋悼夫人赐给参加修筑杞国城墙的役夫酒饭。绛县人中有个人年纪已经很大了，没有儿子，只好自己去修城，也参加了酒席。有人怀疑他的年龄，问他岁数。他说："下臣是小人，不知道记下年龄。下臣出生的那年，正月甲子是朔日，到现在已经过了四百四十五个甲子了，剩下的日子到今天过了三分之一甲子。"官吏到朝廷来询问，师旷说："是鲁叔仲惠伯在承匡会见郤成子的那一年。这一年，狄人攻打鲁国。叔孙庄叔在那时在咸地打败了狄人，俘获了长狄侨如和虺、豹，都用俘虏的名字来命名他儿子。到现在七十三年了。"史赵说："亥字是'二'字头'六'字身，把'二'移到身上，就是他活的日数。"士文伯说："这么说他活了二万六千六百六十天了。"

6. 算术求积尺之法，如刍萌、刍童、方池、冥谷、堑堵、鳖臑、圆锥、阳马之类，物形备矣，独未有"隙积"一术。……隙积者，谓积之有隙者，……用刍童法求之，常失于数少。予思而得之，用刍童法为上行、下行，别列下广，以上广减之，余者以高乘之，六而一，并入上行。履亩之法，方圆曲直尽矣，未有会圆之术。……予别为析会之术，……此二类皆造微之术，古书所不到者，漫志于此。(《梦溪笔谈·技艺》)

《梦溪笔谈》中记载了沈括首创的隙积术和会圆术，他已具有了用连续模型解决离散问题的思想，在中国数学史上开辟了高阶等差级数求和的研究领域。李约瑟评价《梦溪笔谈》，说它"不是一部正式的数学论著，因为它包含了他那个时代几乎已知的各个科学领域的记录。特别值得一提的是沈括作为在重要工程与勘测工作中负有责任的高级官员，曾促进了平面几何学的发展"。这段话意思是：算术中求物体体积的方法，如刍萌、刍童、方池、冥谷、堑堵、鳖臑、圆锥、阳马等，各种形状的物体都具备了，只是没有隙积术。……隙积，是指堆累起来而其中有空隙的物体，……如果用刍童法计算，所得数量往往比实际的要少。我想出了一种计算方法：用刍童法算出它的上位、下位数值，另外单独列出它的下底宽，减去上底宽，将所得之差乘高，取其六分之一，再并入前面的数目就可以了。丈量土地的方法，方、圆、曲、直的算法都有，不过没有会圆的算法。……我另外设计了一种拆开、会合的计算方法……这两种方法都涉及精确的算法，是古书里没有说到的，随笔记录于此。

7. 衡善机巧，尤致思于天文、阴阳、历算。……遂乃研核阴阳，妙尽璇机之正，作浑天仪，著《灵宪》《算罔论》，言甚详明。……阳嘉元年，复造候风地动仪。以精铜铸成，员径八尺，合盖隆起，形似酒尊，饰以篆文山龟鸟兽之形。（《后汉书·张衡列传》）

张衡发明了浑天仪、地动仪，为中国天文学、地震学做出杰出贡献。李约瑟曾说"中国在地震理论方面虽然不占领先地位，但地震仪的鼻祖却出在中国"，这个鼻祖就是张衡。这段话的意思是：张衡擅长机巧，特别喜欢思考有关天文、阴阳、历算方面的问题。……于是研究阴阳之说，穷尽其中奥妙，制作浑天仪，著有《灵宪》《算罔论》等书，谈论特别详细。阳嘉元年（132），又制造了候风地动仪。用精铜铸成，直径八尺，盖起来中间隆起，形状像酒樽，用篆文雕刻有山龟鸟兽的形状。

8. 淮南人卫朴精于历术，一行之流也。《春秋》日蚀三十六，诸历通验，密者不过得二十六七，唯一行得二十九；朴乃得三十五，唯庄公十八年一蚀，今古算皆不入蚀法，疑前史误耳。（《梦溪笔谈·技艺》）

淮南人卫朴精通历法，在这方面是唐僧一行一类的人物。《春秋》一书中记载了三十六次日食，历代历法学者通加验证，一般认为所记与实际天象密合的不过有二十六七次，只有一行证明有二十九次；而卫朴则证明有三十五次，只有庄公十八年的一次日食，与古今学者对日食发生日期的推算都不合，怀疑是《春秋》记错了。

9. 开元《大衍历》法最为精密，历代用其朔法。至熙宁中考之，历已后天五十余刻，而前世历官皆不能知。《奉元历》乃移其闰朔：熙宁十年天正元用午时，新历改用子时；闰十二月改为闰正月。……凡立冬暑景与立春之景相若者也，今二景短长不同，则知天正之气偏也；凡移五十余刻，立冬、立春之景方停。（《梦溪笔谈·象数一》）

这是唐开元年间在历法方面的创新。这段话的意思是：唐开元间所制定的《大衍历法》最为精密，历代都沿用其推算朔策的方法。然而到熙宁年间考校，当时历法已落后实际天象五十余刻，而前世历官都不能推知这一误差。《奉元历》于是改动闰月和朔日的设置：熙宁十年（1077）冬至的临界时分原用午时，新历改用子时；

闰十二月改为闰正月。……不过大凡立冬的晷影与立春的晷影是差不多的,如今旧历所用的这两种晷影长短不同,可知旧历冬至节气的确定有偏差;大致移动五十余刻,立冬、立春的晷影长度才能均匀。

10. 天文家有浑仪,测天之器,设于崇台,以候垂象者,则古玑衡是也。浑象,象天之器,以水激之,或以水银转之,置于密室,与天行相符,张衡、陆绩所为,及开元中置于武成殿者,皆此器也。(《梦溪笔谈·象数一》)

这段话主要是对浑天仪的记载。天文学家有浑天仪,是观测天文现象的仪器,设置于高台上以观察天象,即古代所称的玑衡。又有浑象,是模拟天球的仪器,用水冲击,或用水银泄漏作动力,使它转动,设置于密室之中,以与天球的运行相符合,张衡、陆绩所造及唐开元中置于武成殿的天文仪器都是这种器物。

第四章

因时制宜、变法维新的政治文明

中华民族具有因时制宜、变法维新、与时俱进的政治文明。政治文明建设是一种自觉推进政治文明水平提高的过程，集中地体现了中华民族政治行为的自觉性和主动精神。中国古代政治文明的突出特色就是具有天然的民主治理基因，无论是行政管理制度的创新，还是法律制度的创建、人才选拔制度的革新，都始终凸显着为民、民主的核心因素。中华民族在世界历史上最早进行了民主政治的实践探索，不仅在悠久而丰富的中国古代国家治理和社会治理实践中充分展现了中华先民的民主思维和民主智慧,而且在世界历史上最早提出了民主概念。中国自上古三皇时期起,燧人氏、伏羲氏、神农氏等华夏伟大的人文初祖,都是善于发扬民主、汇聚民智、集中民意、凝聚民力的伟大人物,因而都取得了不同凡响的伟大创新成就。远在原始社会末期,从黄帝时代起,在古老的中华民族内部就有非常发达完善的民主治理体系的成功实践,炎黄部落联盟内部实行的是具有原始民主特质的部落联盟议事会制和集体决策制。用世界眼光来衡量,中国古代的国家治理非常发达,法律体系独树一帜,人才选拔机制创新不断。以下摘取的部分文献,只能于浩瀚史海中粗线条地钩沉中国古代政治文明与时俱进的大致过程,虽然未能呈现古代政治文明以民为本、创新发展之全貌,但其创新性、变革性仍可略见一斑。

第一节　行政制度，与时俱进

1. 天地节而四时成，节以制度，不伤财，不害民。
(《周易·节》)

《周易》，又称《易经》，简称《易》，相传系周文王姬昌所作，内容包括《经》和《传》两个部分。自孔子赞《易》以后，《周易》被儒门奉为儒门圣典，六经之首。这段话出自《周易·节》。节卦是《周易》六十四卦中的第六十卦，水泽节（节卦），万物有节，是上上卦，下兑下坎相叠，兑为泽，坎为水。泽有水，而流有限，多必溢于泽外，因此要有节度，天地有节度才能常新，国家有节度才能安稳，个人有节度才能完善。节卦象征节制，节制可致亨通，有节制、能限制是事物发展的普遍规律，人们应该顺应这种规律，自觉地制定典章制度和礼仪法度来作为行事的准则，节制人们的行为。这段话的意思是：用典章制度、礼仪法度来节制行为，就不会伤财害民。

2. 有圣人作，构木为巢以避群害，而民悦之，使王天下，号之曰有巢氏。……有圣人作，钻燧取火，以化腥臊，而民说之，使王天下，号之曰燧人氏。（《韩非子·五蠹》）

至于神农，人民众多，禽兽不足，于是神农因天之时，分地之利，制耒耜，教民农作，神而化之，使民宜之，故谓之神农也。（《白虎通义·号》）

三皇五帝是中国历史中的传说时代，三皇五帝的传说反映华夏族先民即将进入或刚刚踏入政治文明进程的种种情形，某些英雄人物自发地承担了某种政治管理职能，这是行政管理的起源。这两段话的意思是：有位圣人出现了，在树上架木做巢居来避免兽群的侵害，人民很爱戴他，便推荐他做王，称他为有巢氏。……有位圣人出现了，钻木取火来消除食物的腥臊，人民很爱戴他，推荐他做天下之王，称他为燧人氏。到了神农的时代，因为人多而可作为食物的禽兽少，于是神农根据天时地利，制作耒耜等农具，教人们耕种，出神入化，使老百姓适应农耕生活，所谓称之为神农。

3. 神农之世，男耕而食，妇织而衣；刑政不用而治，甲兵不起而王。神农既没，以强胜弱，以众暴寡，故黄帝作为君臣上下之义，父子兄弟之礼，夫妇妃匹之合，内行刀锯，外用甲兵。故时变也。由此观之，神农非高于黄帝也，然其名尊者，以适于时也。故以战去战，虽战可也；以杀去杀，虽杀可也；以刑去刑，虽重刑可也。(《商君书·画策》)

从商鞅的这段话中，我们可以看到，以黄帝为代表的五帝时期已经迥异于三皇时期依靠英雄人物自发管理的情形，创新性地进入了部落联盟或酋邦制阶段，这是国家形成前期的制度。传说黄帝已经设官分职，尧舜禹时代则是部落联盟发展比较成熟的时代，但总体上说，部落社会还没有国家，也没有行政组织管理。这段话的意思是：神农时代，男人耕种而得到粮食，女人织布得到衣裳穿，不用刑法而天下安定，不发动战争就可以称王天下。神农死后，人们开始以强凌弱，靠人多势众欺压人数少的氏族，因此黄帝制定了关于君臣和上下级之间的道德准则，父子、兄弟间的礼仪，夫妻之间的婚配原则，对内使用刑罚，对外用军队征伐，同样是因为时代变了。由此看来神农并不是比黄帝高明，他之所有有很高的名望，是因为他采取的治理措施适合当时的需要。因此用战争的手段达到消灭战争的目的，虽然进行战争也是可以的；用杀人的手段达到消除杀人目的，虽然杀了人也是可以的；用刑罚的手段达到消灭刑罚的目的，虽然用重刑也是可以的。

4. 禹别九州，随山浚川，任土作贡。禹敷土，随山刊木，奠高山大川。孔颖达注曰：禹治九州之水，水害既除，定山川次秩与诸州。(《尚书正义·禹贡》)

茫茫禹迹，画为九州，经启九道。(《左传·襄公四年》)

这大约是古代中国创制行政区划的最早记载。九州指中国，乃古代中国行政区划。《尚书·禹贡》记载，大禹的时候，天下分为九州，分别为冀州、兖州、青州、徐州、扬州、荆州、梁州、雍州、豫州。豫州是中心，其他州环绕豫州。这两段话的意思是：禹分别土地的疆界，跟随山势疏通河流，依据土地的具体情况，制定贡赋的品种和数量。禹划分九州，行走高山砍削树木作为路标，以高山大河作为疆域。孔颖达注释说：大禹治理九州之水，除了水害后，就于各州划定山川归属和秩序。辽远的夏禹遗迹，分为九州，开通了许多大道。

5. 于是乎贵道果立，贵名果白，兼制天下，立七十一国，姬姓独居五十三人。周之子孙，苟不狂惑者，莫不为天下之显诸侯。(《荀子·君道》)

这段话记录了西周分封制的创立。西周创立的分封制顺应了历史的发展，促进了经济和文化的繁荣，巩固了周朝的统治。这段话的意思是：重要的政治原则果然建立起来了，尊贵的名声果然明显卓著，周依靠政治制度全面控制了天下，设置了七十一个诸侯国，其中姬姓诸侯就独占五十三个,周族的子孙,只要不是发疯糊涂的人,无不成为天下显贵的诸侯。

6. 分天下以为三十六郡,郡置守、尉、监。更名民曰"黔首"。……一法度衡石丈尺。车同轨。书同文。(《史记·秦始皇本纪》)

这段话记录了秦夺取天下后的政治体制改革,即废除了封建制,创立郡县制,建立起一个中央集权国家。关于郡县制相较于封建制的优越性,用王夫之的话来评价,即:"郡县之制,垂二千年而弗能改矣,合古今上下皆安之,势之所趋,岂非理而能然哉?"可见,郡县制乃是与时俱进、合时宜之政,具有突出的创新性特点,以至于实行了两千多年都没有改变。这段话的意思是:秦始皇把全国划分为三十六个郡,郡设守、尉、监。百姓改称为"黔首"。……统一法律制度和度量衡标准。规定车子的两轮距离相同,书写采用统一的文字。

7. 天下之事无小大皆决于上,上至以衡石量书,日夜有呈,不中呈不得休息。(《史记·秦始皇本纪》)

相国、丞相,皆秦官,金印紫绶,掌丞天子助理万机。……太尉,秦官,金印紫绶,掌武事。……御史大夫,秦官,位上卿,银印青绶,掌副丞相。……县令、长,皆秦官,掌治其县。(《汉书·百官公卿表》)

置令、丞，凡三十一县。(《史记·商君列传》)

秦是官僚行政全面展开的时期，中央行政体制创建了皇帝制度，设置了三公九卿制作为中央政府体制，秦王朝开创的诸多制度之中，以丞相制最具代表性，丞相制度是以丞相为百官之长的官制。地方行政体制则创建了郡县制和编户制。这几段话的意思是：天下的事无论大小都由皇上决定，皇上甚至称量各种书写文件的竹简、木简的重量，日夜处理的文件都有定额，阅读达不到定额，自己就不休息。相国、丞相，都是秦朝的官职，授予黄金印章和系印的紫色绶带，负责辅助天子处理政治事务。……太尉，秦朝官职，授予黄金印章和系印的紫色绶带，掌管国家的军事。……御史大夫，秦朝官职，上卿官职，授予银制印章和系印的青色绶带，任副丞相之职位。……县令、县长，都是秦朝官职，掌管一个县的政务。设置县令、县丞，共三十一个县。

8. 宰相者，上佐天子理阴阳，顺四时，下育万物之宜，外镇抚四夷诸侯，内亲附百姓，使卿大夫各得任其职焉。(《史记·陈丞相世家》)

从总体上讲，汉承秦制，仍然置丞相。这是汉文帝初年曾以宰相主管何事问左丞相陈平，陈平对文帝的回答。这段话的意思是：宰相的职责就是对上辅佐天子调理阴阳，顺应四时，对下抚育万物，使各得其宜，对外镇抚四方各族和诸侯，对内使百姓亲附，使各级官员都能胜任其职。

9. 尚书出纳王命，赋政四海，权尊执重，责之所归。(《后汉书·李固传》)。

选举诛赏，一由尚书，尚书见任，重于三公。(《后汉书·陈忠传》)

西汉内外朝制的建立，是古代行政体制一重大创新和改革，是皇权与相权相矛盾的结果。尤其是汉武帝建中朝制中，尚书职权和组织机构扩大，对日后政治、行政制度的创新发展尤为重要。这两段话的意思是，尚书受皇帝委托，布政天下，权尊势重，责任重大。选举赏罚大权都在尚书，尚书的责任比三公重。

10. 上上州刺史……州属官，有别驾从事史，治中从事史，州都光迎主簿，主簿，西曹书佐，市令及史，祭酒从事史，部郡从事，皂服从事，典签及史，门下督，省事，都录事及史，箱录事及史，朝直、刺奸、记室掾，户曹、田曹、金曹、租曹、兵曹、左户等掾史等员。(《隋书·百官中》)

这段话主要是记录东汉到南北朝时期地方政权的创新建制。东汉末期到魏晋南北朝时期，在政治管理制度方面进一步因时制宜、推陈出新，主要表现是在郡、县两级之上设州一级地方政权建制，形成州、郡、县的三级行政区划制度。

11. 魏晋以下，任总机衡，事无大小，咸归令仆。……魏置中书省，有监、令，遂掌机衡之任，而尚书之权渐灭矣……自魏晋重中书之官，居喉舌之任，则尚书之职稍以疏远。(《通典·职官四》)

魏晋南北朝行政体制上的重要创新和变化是中书、监、令的设置，尚书台的独立和侍中地位的上升。南北朝时期的尚书省是中央政府最高行政管理机构，尚书令是事实上的宰相，这些措施都是为了加强皇权。这段话的意思是：魏晋以降，重要的官职，事无大小，都归尚书令和仆射总理。……魏置中书省、中书监、中书令，于是掌握了机要官职，而尚书的权力则渐渐没有了。……自魏晋以来重视中书的官职，处于喉舌的地位，而尚书的职位则渐渐疏远了。

12. 中书令之职，掌军国之政令，缉熙帝载，统和天人。……盖以佐天子而执大政者也。(《唐六典·中书省》)

侍中之职，掌出纳帝命，缉熙皇极，总典吏职，赞相礼仪，以和万邦，以弼庶务，所谓佐天子而统大政者也。凡军国之务，与中书令参而总焉。(《唐六典·门下省》)

工部尚书、侍郎之职，掌天下百工、屯田、山泽之政令。(《唐六典·尚书工部》)

隋唐创建了三省六部的中央行政体制，三省即中书、门下、尚书省，隋唐三省制的创立，在中国古代行政体制中占有重要地位，不仅排除了丞相个人专断，相权过大威胁皇权而出现的政治危机，而且增强了决策施政的程序性和合理性，提高了行政效率。这几段话的意思是：中书省的职责是掌握国家的军事政令的发布，忙忙碌碌为帝王的事业而操劳，统合天人。……大概是辅佐天子而执掌政务大权的官职。门下省的长官是侍中，侍中的职责是掌管皇帝的命令，为皇位的政务奔忙，总典吏职，赞相礼仪，协和万邦，以辅佐各种政务，这就是辅佐天子而执掌大政的人。凡是国家的军务，则与中书令一起总理。工部尚书、侍郎的职责，是掌天下百工、屯田、山泽之政令发布。

13. 唐中叶以后，诸道节度使带平章事，兼侍中、中书令，并列衔于敕牒后，侧书"使"字，故有"使相"之称，五代因之。(《廿二史考异卷·五代史二》)

《廿二史考异》是清代著名学者钱大昕的原著，钱氏考史，主张实事求是，强调史家记人、记时、记地的真实性、可靠性。这是记录了唐朝行政管理制度的进一步创新发展，即唐后期的行政区划形成节度使、州（府）、县三级行政区划。侍中与中书令是唐代门下、中书二省长官，自唐初以来便一直为相衔；平章事是同中书门下平章事的省称，在唐高宗时固定为正式宰相名称。唐朝经安史之乱后，藩镇渐成尾大不掉之势，节度使"据要险，专方面，既有其土地，又有其人民，又有其甲兵，又有其财赋，以布列天下"(《新唐书·兵志》)，对朝廷构成巨大威胁。在这一背景下,唐廷采取了钱氏所言为节度使加同中书门下平章事、侍中与中书令等宰相衔的措置,既是希望能够激励节度使中"大忠大勋"者,也是为了羁縻藩镇中"跋扈难制者",从而维系唐廷对地方的统治。这段话的意思是:唐中叶以后,各道节度使加同中书门下平章事、侍中与中书令等宰相衔措置,侧书使字,因此又有使相之称呼,五代沿袭了这一制度。

14. 朝之众务,总归于台阁,尚书省事无不总。(《隋书·百官志》)

初,唐因隋制,以三省之长中书令、侍中、尚书令共议国政,此宰相职也。其后,以太宗尝为尚书令,臣下避不敢居其职,由是仆射为尚书省长官,与侍中、中书令号为宰相。其品位既崇,不欲轻以授人,故常以他官居宰相职,而假以它名。(《新唐书·百官志》)

隋唐政治行政体制始终处于不断创新调整之中,在总结前代制度的基础上,适应新的时代特点而形成了三省制。而唐代从高宗武则天以后,政治行政体制不断发生着深刻的变革,以玄宗开元十一年(723)中书令张说奏改政事堂为中书门下为标志,中书门下制取代了三省制。而中书门下制在唐代中后期不断变化调整,为宋以后的政治行政体制的创立奠定了基本框架。这两段话的意思是:朝廷各种政务,总归于台阁,而尚书省是全国行政的总汇机构。唐初承袭隋朝体制,以三省之长包括中书令、侍中、尚书令共同商议国事，三省首长履行宰相之职责。而此后，因为唐太宗曾经亲自做过尚书令，臣下不敢与皇帝平职而避开不敢就任，于是以仆射作为尚书省的长官，与侍中、中书令同成为宰相。其职位既然很崇高，不能轻易授予他人，因此常常假以别的官名而居宰相位。

15. 乃建行省于云、燕，以图中原。……实入城，建行省，抚其民。（《元史·木华黎列传》）

元朝创建了行省制度。行省是中书省的派出机构，长官由中央任命，行省之下，分设路、府、州、县，一定程度上便利了中央对地方的管理，加强了中央集权，巩固了多民族国家的统一。它的创立，是中国古代地方行政制度的重大变革，是中国省制的开端。这段话的意思是：木华黎便在云、燕之地建立行省，以便进攻中原。……严实进入东平，建立行省，抚慰百姓。

**16. 自古三公论道，六卿分职，并不曾设立丞相。自秦始置丞相，不旋踵而亡。汉、唐、宋因之，虽有贤相，然其间所用者多有小人专权乱政。今我朝罢丞相，设五府、六部、都察院、通政司、大理寺等衙门，分理天下庶务，彼此颉颃，不敢相压，事皆朝廷总之，所以稳当。以后子孙做皇帝时，并不许立丞相，臣下敢有奏

请设立者，文武群臣即时劾奏，将犯人凌迟，全家处死。(《皇明祖训·首章》)

明朝废除丞相制度，这是中国古代行政制度的重大变革，也是君权与相权矛盾发展的结果，中国自秦汉建立丞相制以来至明初，宰相制度发生了四次变化：秦汉的丞相制，隋唐的三省合议制，宋元的中书一省制，明太祖、成祖后实行的皇权控制下的内阁制。上面这段话是朱元璋说的，意思是：自古以来都是三公论道，六卿分理职责，从来没有设立丞相之职的。自秦始皇开始设置丞相一职，不久秦朝就灭亡了。汉、唐、宋三代也继承秦的宰相制度，虽然中间有过贤相，但是小人专权乱政的还是很多。今天我朝罢免丞相，设五府、六部、都察院、通政司、大理寺等衙门，分理政务，互相牵制、平衡，不敢有所欺压，所有的政务都归朝廷总理，所以很稳当。以后继位者也不许设立丞相制职，臣下有敢奏请设立丞相的人，即时劾奏，并处以重典。

第二节　中华法系，独树一帜

1. 卜筮不过三，卜筮不相袭。龟为卜，筴为筮。卜筮者，先圣王之所以使民信时日、敬鬼神、畏法令也，所以使民决嫌疑、定犹与也。故曰："疑而筮之，则弗非也。日而行事，则必践之。"(《礼记·曲礼上》)

从商代甲骨卜辞及其他史料中可以看到，在"任意法"时代立法、司法活动在形式与程序上是与卜筮合而为一的。这段话的意思是：不管是用卜或用筮，都不能超过三次。用了龟卜，就不可再用蓍筮，用了蓍筮，就不可再用龟卜。用龟甲来判定吉凶叫卜，用蓍草来判定吉凶叫筮。卜与筮，这是古昔圣王用来使百姓相信择定的吉日吉时、崇敬祭祀的鬼神、畏服君长的法令而以神道设教的办法，同时也是使百姓在徘徊犹豫之时借以作出决断的办法。因为犹豫不决才进行卜筮，既已卜筮，就不可再对卜筮的结果产生怀疑，已定在那一天举行祭祀，就必须在那一天举行。

2. 天叙有典，敕我五典五惇哉！天秩有礼，自我五礼有庸哉！同寅协恭和衷哉！天命有德，五服五章哉！天讨有罪，五刑五用哉！政事懋哉懋哉！天聪明，自我民聪明。天明畏，自我民明威。（《尚书·皋陶谟》）

从这段话可以看到，任意法时代，法律的威严来自于神秘的神或者天。这段话的意思是：上天规定了人与人之间的常法，告诫人们父义、母慈、兄友、弟恭、子孝。上天规定了人的尊卑等级，推行天子、诸侯、卿大夫、士和庶人这五种礼制，君臣之间要同敬、同恭，和善相处。上天任命有德的人，要用天子、诸侯、卿、大夫、士五等礼服表彰这五者。上天惩罚有罪的人，要用墨、劓、剕、宫、大辟五种刑罚处治五者。上天听取意见、观察问题、以及惩罚作恶之人、奖赏行赏之人，都是顺应民意。天意和民意是贯通的。

3. 夏有乱政而作《禹刑》，商有乱政而作《汤刑》，周有乱政而作《九刑》，三辟之兴，皆叔世也。（《左

传·昭公六年》)

这是夏商周刑法产生的记录。夏朝有违犯政令的人，就制定《禹刑》。商朝有触犯政令的人，就制定《汤刑》。周朝有触犯政令的人，就制定《九刑》。三种刑法的产生，处于夏商周的末世了。

4. 后王之成名：刑名从商，爵名从周，文名从"礼"。(《荀子·正名》)

按照荀况的说法，法律制度的基本轮廓形成于商代。"刑名从商"的"刑名"大致上包含刑罚制度和司法原则。这些成果是在承继夏代遗产的基础上创造发展而成的。总之商代在神治与任意法时代曾经创造了丰富的法律文化成果。尽管任意法法律样式有它的时代局限性，但它的时代效应是不能泯没的。这段话的意思是，现代的君王确定名称：刑名仿照的是商代，爵位仿照的是周代，礼节仪式仿照的是《礼经》。

5. 王先服殷御事，比介于我有周御事，节性惟曰其迈。王敬作所，不可不敬德。(《尚书·诏告》)

中国传统法律文化发展到西周春秋，便结束了神治、任意法时代而进入礼治、判例法时代。礼治是对神治的否定，判例法便是对任意法的扬弃。礼治、判例法的确立，标志着"人"对"神"的战胜，标志着古代人们对法律实践活动客观规律性的初次觉悟，标志着古代人们驾驭法律实践活动的主观能动性的一次升华。这段话的意思是：大王先参考殷商的判例，对照我周朝的判例，逐渐学习创新形成我们周人的判例，大王敬重自己的所作所为，不可以不重视行德。

6. 敢不用令则即刑扑伐。（《兮甲盘铭》）

这是一条单项立法。在判例法时代，统治者发布临时性的法律规范，常用在一时一事，判例法时代立法的最大特点是颁行单项立法。意思是：如果敢不遵守法令，就马上定刑扑杀。

7. 昔先王议事以制，不为刑辟。（《左传·昭公六年》）

这句话是对判例法时代司法基本特征的高度概括。意思是：以前先王都是参酌引用既有的判例来审判量刑，不预先制定包含什么行为是违法犯罪、当处以何刑的刑法典。

8. 缓佩玦者，事至而断。（《庄子·田子方》）

判例法高度依赖法官的理解和对案例事实的评价，法官在判案中起关键作用，这就形成了重视法官主观能动作用的传统。此句原意是佩带用五色丝绳系着玉玦的遇事能决断,实际意思是法官等到案件来了再作评价决断。

9. 惟敬五刑,以成三德。一人有庆,兆民赖之,其宁惟永。(《尚书·吕刑》)

《尚书·吕刑》继承和发展"明德慎罚"法制原则,第一次明确地阐明了刑与德的关系在于"德主刑辅"。这段话的意思是:希望慎用五刑,养成这三种德行。一人办了好事,万民都受益,国家的安宁就会长久了。

10. 今吾子相郑国,作封洫,立谤政,制参辟,铸刑书,将以靖民。(《左传·昭公六年》)

春秋以降,以宗法贵族政体为依托的判例法失去继续存在的条件,逐渐被一种新的法律样式即成文法所取代。最早的是郑国子产"铸刑书"的创举,打破了传统的"议事以制"的审判方式,在一定程度上起到了限制贵族特权的作用,揭开了成文法运动的序幕。这段话的意思是:郑国子产划定田界水沟,设置毁谤政事的条例,制定三种法规,把刑法铸在鼎上,准备用这样的办法安定百姓。

11. 晋赵鞅、荀寅帅师城汝滨,遂赋晋国一鼓铁,

以铸刑鼎，着范宣子所为刑书焉。(《左传·昭公二十九年》)

晋国赵鞅亦"铸刑鼎"。这段话的意思是：晋国的赵鞅、荀寅带兵在汝水岸边筑城，于是向晋国的百姓征收了四百八十斤铁，用来铸造刑鼎，在鼎上铸着范宣子所制定的刑书。

12. 是时承用秦汉旧律，其文起自魏文侯师李悝。悝撰次诸国法，著《法经》。以为王者之政，莫急于盗贼，故其律始于《盗》《贼》。盗贼须劾捕，故著《网》《捕》二篇。其轻狡、越城、博戏、借假不廉、淫侈、逾制以为《杂律》一篇，又以《具律》具其加减。是故所著六篇而已，然皆罪名之制也。(《晋书·刑法志》)

战国时期封建制确立，各诸侯国陆续颁布了以保护封建私有制为中心内容的封建法律。《法经》是中国第一部比较系统的、完整的成文法典，在中国传统法律文明史上具有重要的历史地位，是战国李悝总结春秋以来各诸侯国的立法经验编纂的。这段话的意思是：这个时候承袭了秦汉旧律，法律条文由魏文侯的老师李悝起草。李悝又在各诸侯国刑法典的基础上，写了《法经》一书。认为君王治理国家，最难治理的就是盗贼，所以李悝将《盗法》和《贼法》列在法典之首。盗贼需要抓捕，所以又著有《网法》和《捕法》两篇。盗贼以外其他犯罪和刑罚规定，主要包括六禁，即淫禁、狡禁、城禁、嬉禁、徙禁、金禁等，归入《杂法》一篇，《具法》是关于定罪量刑中从轻从重等法律原则的规定，起着"具其加减"的作用，相当于近代法典中的总则部分。

13. 以卫鞅为左庶长，卒定变法之令。（《史记·商君列传》）

秦朝的"成文法"是"法治"时代最有代表性的。秦统一前后正是利用了一整套的法治手段，将秦治理得社会稳定、民富国强，统一六国势如破竹。商鞅以《法经》为蓝本，创造性地改法为律，不仅仅包括刑罚，还包括各种规则、制度、条例等，为后世封建法典"以刑为主，诸法合体"奠定了基本格局。这段话的意思是，以商鞅为左庶长，核定变法的法令。

14. 文德者，帝王之利器；威武者，文德之辅助也。……《诗》曰："恺弟君子，民之父母。"今人有过，教未施而刑已加焉，或欲改行为善，而道亡繇至，朕甚怜之。夫刑至断支体，刻肌肤，终身不息，何其刑之痛而不德也！岂称为民父母之意哉？其除肉刑，有以易之；及令罪人各以轻重，不亡逃，有年而免。（《汉书·刑法志》）

汉代统治者在法制创设方面有了更大进步和创新，汉文帝废除肉刑之事，使其成为封建时代德政省刑、化行天下之典范，汉代统治者提倡"德主刑辅"、礼刑并用，具体在司法实践中就是著名的"春秋决狱"。汉文帝之所以废除了肉刑，是因为这样一件事引起：孝文帝在位十三年后，齐国太仓令淳于公有罪应当判刑，奉诏令逮捕捆送长安。淳于公没有儿子，有五个女儿，当要被逮捕的时候，他骂他的女儿说："生孩子没有男孩，紧要关头没有用处！"他最小的女儿缇萦，独自哀伤悲泣，就同他一起到长安，给皇上写信诉说肉刑的残酷，并愿意被没入官府为奴婢，以此赎解父亲的刑罚，使他得以重新做人，最后打动了文帝，文帝废除了肉刑。这段话的意思是：文德是帝王锐利的武器，威武是文德的辅助。……《诗经》上说："和乐简易的君子，是百姓的父母。"现在人有罪过，还没有进行教育而刑法就已加上来了，有人想改正行为去做善事，却没有道路可到达，朕很哀怜他们。刑罚至人截断肢体，刀刻肌肤，终生都不能再生长复原，这种刑罚何等痛苦而又不道德啊，我命令废除肉刑，现有罪犯各自根据轻重处罚，不逃亡的，满了年数就免为平民。

15. 时有疑狱曰："甲无子，拾道旁弃儿乙养之，以为子。及乙长，有罪杀人，以状语甲，甲藏匿乙。甲当何论？"仲舒断曰："甲无子，振活养乙，虽非所生，谁与易之？《诗》云：'螟蛉有子，蜾蠃负之。'《春秋》之义：'父为子隐。甲宜匿乙。'"诏不当坐。(《通典·东晋成帝咸和五年散骑侍郎贺乔妻于氏上表》)。

汉朝法律更进一步创新的另外一个现象就是春秋决狱。这段话的意思是：当时有一件疑案，甲没有孩子，在路边捡了弃婴乙养大，当成儿子一样。等到乙长大成人，犯罪杀人了，将这个事情告诉了甲，甲把乙藏起来了。甲应该怎么论罪？董仲舒说，甲没有孩子，辛苦将乙养大，虽然不是亲生的，但是谁也改变不了养大成人的事实和父子之情。《诗经·小雅·小苑》就有记载："螟蛉有子，蜾蠃负之，教诲尔子，式谷似之。"便是说，蜾蠃无子，捕捉螟蛉幼虫教养，变成自己的儿子。虽然是义子，但是仍教导他道理和善道。而《春秋》纲常之义便是：父亲为孩子隐瞒犯罪事实。所以甲隐匿了养子乙的犯罪事实，也不应该追究刑事责任。可见，董仲舒从《诗经》《春秋》中引出"养父如同亲父"和"父为子隐"两条原则，遂得出甲虽隐瞒乙杀人罪而不予追究刑事责任的判决。

16. 自汉迄隋，世有增损，而罕能折衷。隋文帝参用周、齐旧政，以定律令，除苛惨之法，务在宽平。(《旧唐书·刑法志》)

隋朝律典上承北齐、北周，下启唐、宋，在完成封建法制改革和建设及其路径转型过程中起着至关重要的过渡作用。隋代《开皇律》的颁布具有宽刑减罚的特征，将五刑和十恶之外的其他苛政严法一律废除，显示出了统治者的宽仁博爱。这段话的意思是：自汉到隋朝，历代都有所增减，很少能折中的。隋文帝在参照后周、后齐旧政的基础上进行了创新，制定了《开皇律》，去除了一些残酷的法律条理，主要在于追求宽平。

17. 制礼以端其俗，立乐以和其心，此先哲王致治之大方也。（《通典·自序》）

唐律是中国传统法典的楷模和中华法系形成的标志，唐律在中国古代法历史上，具有继往开来、承前启后的重要地位。其中体现在《通典》中的"礼治"法制精神是博大精深的，唐朝的主要法制精神就在于以礼治国。这段话的意思是：制作礼仪以端正世俗，设立音乐以和合人心，这是先圣王致力于国家治理的基本方略。

18. 禁于已然之谓敕，禁于未然之谓令，设于此以待彼之谓格，使彼效之之谓式。（《宋史·刑法志》）

宋朝法律在唐律的基础上进行革新，主要是实行以敕代律。宋代所颁布的各种新的法律制度都是敕、令、格、式四种形式，在《宋史·刑法志》中对这四种形式进行了如下解释：禁止已经发生的案件叫敕，禁止还没有发生的案件叫令，先设置此法令以待彼使用叫格，使别的案件效法的叫式。

19. 自古有天下者，虽圣帝明王，不能去刑法以为治，是故道之以德义，而民弗从，则必律之以法，法复违焉，则刑辟之施，诚有不得已者。是以先王制刑，非以立威，乃所以辅治也。故《书》曰："士制百姓于刑之中，以教祗德。"后世专务黩刑任法以为治者，无乃昧于本末轻重之义乎！历代得失，考诸史可见已。(《元史·刑法志》)

元朝在法制建设方面有许多创新，其背后所蕴含的法律文化，使元朝法律成为中国古代法律发展进程中一个不可或缺的环节，中华法系也由此得到了进一步多元化的发展和演变。其主要精神是强调"德刑互用，以刑辅治"。这段话的意思是：自古以来的统治者，即便是圣帝明王也没有去掉刑法而使国家得到治理的，所以以德义引导民众，民众不遵从，那么必须以刑法，法是不可违的，因此实行刑罚，实在是有不得已而为之的情况。因此先王制作刑罚，不是用来树立威信，而是用来辅助治理国家的手段。

20. 芟繁就简，使之归一，直言其事。(《大明律》)。

吾治乱世，刑不得不重。汝治平世，刑自当轻，所谓刑罚世轻世重也。……明礼以导民，定律以绳顽，刊著为令。(《明史·刑法志一》)

《大明律》第一次提出了"法律面前人人平等"的原则，明孝宗的修律，更将"不因言杀人"写入律法。《大明律》是西方启蒙运动时期备受推崇的法律奠基，近代的欧美法系和大陆法系，都从《大明律》中受益颇多。《大明律》是中国封建社会后期的典型法典，具有鲜明的时代特色。它虽然以《唐律》为蓝本，但在形式和内容上都有发展。在形式上，结构更为合理，文字更为简明；在内容上，经济、军事、行政、诉讼方面的立法更为充实；在定罪判刑上，体现了"世轻世重""轻其轻罪，重其重罪"的原则。其律文结构和量刑原则对《大清律》有较大影响。这两段话的意思是：删繁就简，统一律法，就事论事。要治平乱世，用刑就不得不重；要治理太平盛世，刑罚就应当减轻，刑罚的轻重如何，要视具体的时势变化与社会情况而定。……修明礼制来引导人民，制定法律来约束凶顽，刊印为法令。

第三节　选拔机制，不断创新

1. 为政之要，惟在得人。用非其才，必难致治。今所任用，必须以德行、学识为本。(《贞观政要·崇儒学》)

《贞观政要》是唐代史学家吴兢所著的一部政论性史书，旨在歌颂"贞观之治"，总结唐太宗时代的政治得失，希望后来君主以为借鉴。书中所记基本为贞观年间唐太宗与魏徵等大臣的问答，以及皇帝的诏书、大臣的谏议奏疏等，内容广泛，涉及政治、经济、军事、文化、社会、思想、生活等方方面面，尤以讨论君臣关系、君民关系、求谏纳谏、任贤使能、恭俭节用、居安思危为其重点。由于叙事详赡，文字明畅，论述的又是统治之道，因此晚唐以后受到历代统治者的重视，甚至流传到日本和朝鲜半岛。《贞观政要》记载了许多唐太宗告诫大臣应该如何选取贤才任用官吏的史料，其选拔人才机制的不断创新、任人唯贤的选才标准值得后人借鉴。这段话是贞观二年（628）唐太宗对谏议大夫王珪说的。大致意思是：治国的关键，在于使用合适的人才；用人不当，就必然难以治理好国家。如今，任用人才必须以德行、学识为本。

2. 凡理国者，务积于人，不在盈其仓库。（《贞观政要·辨兴亡》）

这是贞观二年（628）唐太宗在与王珪讨论隋朝统治兴亡得失时所总结的经验。大致的意思是，大凡治国理政者，主要的责任在于多聚集、任用圣人贤臣，而不是一味地关心仓库的粮食满不满。因为人才任用得当才是根本，是保证国家稳定运行、创新发展的关键因素。

3. 尧立七十年得舜，二十年而老，令舜摄行天子之政，荐之于天。（《史记·五帝本纪》）

帝舜荐禹于天，为嗣。（《史记·夏本纪》）

在夏朝出现之前，是三皇五帝时代，天下、王位的归属依靠禅让制，人才的选拔都是依靠选贤举能。五帝依次禅让,最后舜更是让贤于大禹,而大禹便是夏朝的开国者。这两段话的大致意思是:尧登帝位七十年而得到舜,又过了二十年而告老,让舜代行天子的职务,向上天举荐了舜。帝舜向上天推荐了禹,继任天子。

4. 帝禹立而举皋陶荐之,且授政焉,而皋陶卒。……帝禹东巡狩,至于会稽而崩。以天下授益。三年之丧毕,益让帝禹之子启,而辟居箕山之阳。禹子启贤,天下属意焉。及禹崩,虽授益,益之佐禹日浅,天下未洽。故诸侯皆去益而朝启,曰"吾君帝禹之子也"。于是启遂即天子之位,是为夏后帝启。……夏后帝启崩,子帝太康立。(《史记·夏本纪》)

夏之前的尧舜时期,人才选拔以天下为公、举贤让能为标准,是此后几千年追寻的理想社会。但是从夏朝开始,大禹之后,王位继承实行家族世袭制。根据记载,大禹并非有意传位于儿子。从夏启建立第一个奴隶制国家开始,夏朝与尧、舜、禹的官吏选拔制度不同,创新了人才选拔机制,实行世卿世禄制。世袭制的形成与私有制的建立有密切联系,它适应了当时私有制萌芽发展的经济基础。这段话的意思是:禹被立为天子后,即向上天荐举了皋陶,并授权他来管理政务,可是不久皋陶就死了。……帝禹到东边巡视诸侯守地,到会稽山崩逝,他把天下交给了皋陶的儿子益。益为禹守丧三年完毕,把天下又让给了禹的儿子启,而自己避居到箕山的南边。

禹的儿子很贤俊，天下都希望他做天子。禹崩逝时虽把天下授给了益，但益辅佐禹的时间不长，还没取得天下人的信服，所以诸侯都离开益而去朝拜启，说"这是我君王帝禹的儿子啊"，于是启即了天子之位，就是夏后帝启。……夏后帝启崩逝，儿子帝太康继位。

5. 宾客群臣有能出奇计强秦者，吾且尊官，与之分土。(《史记·秦本纪》)

这篇本纪记载的是秦从兴起、发展、称霸天下到秦始皇统一全国之前的历史。秦本为地处偏远的西方的一个部落，其远祖多以驯兽驾车见长，从虞舜到周代屡屡有功：柏翳佐禹治水，舜赐姓嬴氏。费昌为汤驾车败桀于鸣条，中潏在西戎为殷保西部边境，造父为周缪王驾车，日驱千里以救周乱，其族由此为赵氏。周宣王时秦仲为西垂大夫，襄公救周难，又率兵护送周平王东迁，被封为诸侯，建立了秦国。秦国本为西方一个小国，各方面都比较落后，到后来相当强大了，还被中原各国视为戎狄，不让它参与盟会。但秦国一方面在戎族地区扩充土地，一方面与中原各国来往、通婚，吸取中原文化，逐步发展成为强国，其强大的最重要的原因是秦因地制宜、大胆创新人才选拔机制，以获得军功的大小来决定授予官职的大小，即军功爵制。战国时期，世卿世禄制度逐渐衰落，官吏选拔制度开始发生根本性变化，选拔官员不再通过祖祖辈辈延续的血脉，而是依靠军功大小授予。军功爵制得到大力发展，这与当时诸侯争霸的政治现实有密切关系。这段话是秦孝公对大臣说的，意思是：宾客群臣有能进献奇计使秦国强大者，我将封以高官，分给土地。

6. 所谓壹赏者，利禄官爵抟出于兵，无有异施也。夫固知愚、贵贱、勇怯、贤不肖，皆尽其胸臆之知，竭其股肱之力，出死而为上用也；天下豪杰贤良从之如流水；是故兵无敌而令行于天下。(《商君书·赏刑》)

有军功者，各以率受上爵。……宗室非有军功论，不得为属籍。……有功者显荣，无功者虽富无所芬华。(《史记·商君列传》)

上面所讲的军功爵制在商鞅变法中得到发展，军功爵制的推行使秦国迅速强大而成为战国时期的霸主。这两段话的意思是：所说的统一奖赏，就是指利益、俸禄、官职、爵位都专一根据在战争中的功绩赐给，没有其他不同的恩惠。因此聪慧、愚昧、富贵、低贱、勇敢、胆怯、贤德、不贤德的，都全部用尽自己的智慧、竭尽自己的全部力量，出生入死而替君主卖命。天下的英雄豪杰像流水一样追随君主，以致秦的军队天下无敌，政令也得以在天下贯彻实行。有战功者，各按规定接受更高的爵位。……国君宗室中没有军功记录的，不得载入宗室名册。……有战功者尊荣显赫，无战功者尽管富有也无处炫耀夸示。

7. 及举贤良方正能直言极谏者,以匡朕之不逮。(《史记·孝文本纪》)

建元元年冬十月,诏丞相、御史、列侯、中二千石、二千石、诸侯相举贤良方正直言极谏之士。(《汉书·武帝纪》)

秦朝的军功爵制没有实行多长时间,随之而来的是汉代创建了新的察举制作为人才选拔的重要机制。元光元年(前134)武帝初令郡国举孝、廉各一人,从此建立郡国岁举孝廉的察举制度。光武帝时期,进一步完善察举制度,在举孝廉的基础上增加举茂才(秀才),孝廉郡举,茂才州举,并将每年一度的选举固定成为制度。察举制度使大官僚和大富豪子弟垄断官位的局面有所改变,使一般地主子弟入仕的门径比过去拓宽了,少数出自社会下层的人士,也得到了入仕的机会。汉代察举制选官的主要标准是孝悌廉公(孝廉)。前面一段话是孝文帝说的,那段时间先后发生了日食和月食,皇帝认为这是上天在警告、谴责自己执政不仁,于是对大臣们说:我下命令时,你们要帮我监督,我所思所见所想有不对的地方,你们一定要帮我指出来,并且还请你们为我察举贤良方正、直言敢谏的人,以匡正我的失误。后面一段话是说,建元元年(前140)冬十月,汉武帝诏令丞相、御史、列侯、中二千石、二千石、诸侯相国推举贤良方正、直言极谏之士。

8. 九品访人，唯问中正。故据上品者，非公侯之子孙，则当涂之昆弟也。二者苟然，则荜门蓬户之俊，安得不有陆沉者哉！（《晋书·段灼传》）

为避免汉代实行察举制而导致地方人事权力太大的弊端，魏晋南北朝时期创新了人才选拔制度，实行九品中正选官制度。九品中正制重家世和门第。察举制中，由乡里推举，地方主管选拔，是助长地方势力的制度；九品中正制中，担任评议工作的中正必须由京官兼任，而京官直接置于中央控制之下，为统一中央集权发挥了很大作用，也奠定了科举制的基础。这段话的意思是：九品中正制物色人才的方式，只讲求品第，故那些官居上品者，不是公侯的子孙，就是同道中人的兄弟，两者如此，那些生于寒门的贤才俊杰，岂有不被埋没之理呢？这也说明了九品中正制的致命弊端。

9. 以志行修谨、清平干济二科举人。（《隋书·高祖纪》）

炀帝嗣兴，又变前法，置进士等科。（《旧唐书·薛登列传》）

唐制，取士之科，多因隋旧，然其大要有三……其科之目，有秀才，有明经，有俊士，有进士，有明法……（《新唐书·选举志》）

武太后载初元年二月，策问贡人于洛城殿，数日方了。殿前试人自此始。……长安二年，教人习武艺，其

后每岁如明经、进士之法，行乡饮酒礼，送于兵部。(《通典·选举》)

九品中正制强化了门阀制度，会造成世家大族把持用人权的局面，进一步强化了从东汉末年延续到唐代的"上品无寒门，下品无世族"现象。隋唐以后国家的统一，为政治改革、巩固统治、加强权力集中和选官制度的改革提供了条件，中国古代的官吏选拔制度已经进入了成熟和完善的时期。隋文帝废除九品中正制，开始采用分科考试的方法选拔官员；隋炀帝时始设进士科，进士科的设置是科举制度创立的标志。唐朝继承和完善科举制度，贞观年间增加考试科目，以进士、明经两科为主；武则天时增加科举取士的人数，首创武举和殿试，这种科举制度一直延续到清朝，直到清末被废除。这几段话的意思是：隋文帝时期根据志向、操行以及清廉、办事干练有成效两个科目举荐官员。隋炀帝继承了隋文帝创建的官员选拔制度，并在前人的基础上变革创新，设置了进士科。唐朝贞观年间的取士制度，基本上沿袭了隋朝旧制，然有三个方面的主要特点……科举考试名目主要有秀才、明经、俊士、进士、明法……武太后载初元年（689）二月，在洛城殿上策问贡人，多日才完成，殿试从这个时候肇始。……长安二年（702），教人学习武艺，以后每年就像明经、进士两科一样，举行乡饮酒礼，送到兵部参加武举考试。

10. **朝为平民，一试得第，暮登台省；世家贵族秘不能得，平民一举而得之。谓非民主国之人民极端平等政治，不可得也！……此于酌古酌今，为吾国独有，而世界所无也。**(《与刘成禺的谈话》)

这段话是孙中山与刘成禺谈话中对科举制作为人才选拔机制的创新性的评论，孙中山特别赞同草根阶层、农村子弟通过努力读书实现社会阶层的流动。意思是，早上还是平民，科举考试得第后，晚上就可以做官。科举制度彻底打破贵族政治以"血缘""门望""任子制"等为基础的制度，开启了官僚集团的平民化、世俗化进程，是中国古代人才选拔制度的一大创新。孙中山曾盛赞隋唐时期科举制度创立在中国及至世界史中的重要意义。

11. **方今时局多艰，储才为急。朝廷以近日科举每习空文，屡降明诏，饬令各省督抚，广设学堂，将俾全国之人，咸趋实学，以备任使，用意至为深厚。……着即自丙午科为始，所有乡、会试一律停止。**(《德宗景皇帝实录》)

科举制在1905年9月2日废除，这是中国教育史上具有革命性的改革，它结束了在中国延续了一千多年的科举制度，使新教育制度在中国取得胜利。这段话的意思是：当今时局多艰，急需储备人才。朝廷因为最近科举考试每次都是写作一些无实际意义的空文，多次降旨，要求各省督抚，广开学堂，使全国人民，都学习实学，以备朝廷任用,用意很是深厚。……现在丙午(1906)科为始,所有乡、会试一律停止。

12. 致理之本,惟在于审。量才授职,务省官员。故《书》称:"任官惟贤才。"又云:"官不必备,惟其人。"若得其善者,虽少亦足矣;其不善者,纵多亦奚为?古人亦以官不得其才,比于画地作饼,不可食也。《诗》曰:"谋夫孔多,是用不就。"又孔子曰:"官事不摄,焉得俭?"且"千羊之皮,不如一狐之腋"。此皆载在经典,不能具道。当须更并省官员,使得各当所任,则无为而理矣。卿宜详思此理,量定庶官员位。(《贞观政要·择官》)

这是唐太宗推行选拔官吏制度的改革、主张精简官员人数时对房玄龄所说的一段话:治理国家的根本在于审慎。要根据一个人能力的大小授予官职,务必精减官员人数。所以《尚书》说:"只选取贤良和有才能的人做官。"同时还说:"官员不在多,在于用人得当。"如果任用了好官,尽管人数不多也可以让天下得到治理;用了不好的官,人数再多又有什么用呢?古人说不根据才能选择官员,就像在地上画饼不能充饥一样。《诗经》有句话:"参谋的人如果多了,决策的时候反而不知所从。"孔子说:"官员不处理政务,官吏怎么会得到精简呢?"孔子还说:"一千只羊的皮,不如一只狐狸的毛。"这些至理名言都载入史册,数不胜数。现在应当审查官吏,让他们都能够发挥各自的作用，那么国家就可以无为而治了。你应该仔细考虑一下这个问题，确定官员的人数。

13. 知人之事，自古为难，故考绩黜陟，察其善恶。今欲求人，必须审访其行。若知其善，然后用之，设令此人不能济事，只是才力不及，不为大害。误用恶人，假令强干，为害极多。但乱代惟求其才，不顾其行。太平之时，必须才行俱兼，始可任用。（《贞观政要·择官》）

这是魏徵在与唐太宗讨论选拔官吏时，对唐太宗所说的话，提出在治世和乱世选拔人才的不同标准。意思是说：知人善任这件事，从古以来就是很难的，所以在考核劳绩，决定贬降还是升迁时，要察看他的善恶。如今想找人才，必须仔细察访他的品行。如果了解到真是好的，然后才可任用。假如此人不会办事，只是才力不够，还没有什么大害处。错用了坏人，假使他能力强会办事，那为害就太多了。但在乱世只求有才能，可以不管品行。太平时候，必须才能、品行都好，方可任用。

14. 贞观十一年，侍御史马周上疏曰："治天下者以人为本，欲令百姓安乐，惟在刺史、县令。县令既众，不能皆贤，若每州得良刺史，则合境苏息。天下刺史悉称圣意，则陛下可端拱岩廊之上，百姓不虑不安。自古

郡守、县令，皆妙选贤德，欲有迁擢为将相，必先试以临人，或从二千石入为丞相及司徒、太尉者。朝廷必不可独重内臣，外刺史、县令，遂轻其选。所以百姓未安，殆由于此。"太宗因谓侍臣曰："刺史，朕当自简择；县令，诏京官五品已上，各举一人。"(《贞观政要·择官》)

这是唐朝侍御史马周提出要对选拔刺史和县令等地方官的制度进行创新改革，以选到真正有利于百姓的人才。意思是，贞观十一年（637），侍御史马周上疏说："人才是治理好天下的根本。要想让百姓安居乐业，关键是选好刺史和县令。县令那么多，不可能都是贤才，如果每个州都能有一个好的刺史，那么整个州就可以安定繁荣了。如果全国的刺史都符合皇上的心意，那么陛下就可以高枕无忧，百姓就不用忧虑不能安居乐业了。自古以来，郡守、县令都是精心挑选德才兼备的人担任，打算提拔为将军或宰相的，一定先让他们做一段时间的地方官进行考察，有的从郡州官员升为宰相、司徒或太尉。朝廷千万不要只注意皇帝身边大臣的选拔，而忽视州县两级主要官员的选拔。百姓不能安居乐业，恐怕与此有关。"于是太宗对侍臣说："刺史由我亲自挑选，县令就由在京五品以上的官员每人推荐一人。"

15. 若勖之以公忠，期之以远大，各有职分，得行其道；贵则观其所举，富则观其所养，居则观其所好，习则观其所言，穷则观其所不受，贱则观其所不为；因其材以取之，审其能以任之，用其所长，掩其所短；进之以六正，戒之以六邪，则不严而自励，不劝而自勉矣。(《贞观政要·择官》)

用公正忠诚去要求群臣，用建功立业去激励他们，让其各尽其职、各安其位。处高位则看其举荐的人，身富则看其养育的人，闲居时看其所好，学习时看其言语，穷困时看其气节，卑贱时看其德行。量才录用，发挥他们的长处，克服他们的短处，用"六正"去勉励他们，用"六邪"去警戒他们。那么，即使不严厉地对待他们，他们自己也会振奋，不用苦口婆心地劝勉，他们也会自己努力。

16. 人无常俗，但政有治乱耳。是以为国之道，必须抚之以仁义，示之以威信，因人之心，去其苛刻，不作异端，自然安静。(《贞观政要·仁义》)

唐太宗认为民间的移风易俗与国家施政存在很大关系。只有对国家施政策略改革创新，才能对民间移风易俗。这段话的意思是：民间没有一成不变的风俗习惯，关键要看施政是治还是乱。所以，治理国家，必须用仁义来抚慰百姓，同时还要显示出朝廷的威信，顺应民心，废除苛刻的法令，不做背离道义的事情，这样社会自然会平定安静。

17. 饬兵备寇虽是要事，然朕惟欲卿等存心理道，务尽忠贞，使百姓安乐，便是朕之甲仗。隋炀帝岂为甲仗不足，以至灭亡？正由仁义不修，而群下怨叛故也。（《贞观政要·仁义》）

这是唐太宗对房玄龄说的话。唐太宗寻求改革，希望通过以德治国，获得民心，以保平安。这段话的意思是：整修兵器防御寇乱，虽然是紧要的事情，但我要求你们把心思用于治国之道，各自务必竭尽忠贞，使老百姓安居乐业，这才是我真正要的铠甲兵器。隋炀帝难道是因为铠甲兵器不足，才遭到灭亡的吗？正是由于他不修仁义，臣民才会怨恨叛离他。

第四节　用兵之道，出神入化

1. 夫上兵伐谋，其次伐交，其次伐兵。伐谋者，攻敌之心，使不能谋也。伐交者，绝敌之援，使不能合也。伐兵者，合刃于立尸之场，不得已而用之也。(《武经总要·叙战》)

《武经总要》是宋仁宗赵祯朝编纂的，是中国第一部由官方主持编修的兵书。当时距宋朝立国已有60多年。宋仁宗为防止武备松懈，将帅"鲜古今之学"，不知古今战史及兵法，所以下令天章阁待制曾公亮、工部侍郎参知政事丁度等，编纂一部内容广泛的军事教科书。曾公亮等以5年的时间编成《武经总要》，仁宗皇帝亲自核定后，又为此书写了序言。这段话的意思是：用兵的上策是以谋略取胜、在战略上挫败敌人，其次是在外交上挫败敌人，再次是用进攻挫败敌人。以谋略取胜，主要在于攻敌之心，使敌不能谋，达到不战而屈人之兵。在外交上挫败敌人，主要是运用外交手段瓦解敌国的联盟，扩大、巩固自己的盟国，孤立敌人，迫使其屈服。攻击敌人，则兵刃相见，陈尸战场，这是不得已而用之策。

2. 帝王之兵，以全取胜，是以贵谋而贱战。"百战而百胜，非善之善者也，故先为不可胜以待敌之可胜。"（《资治通鉴·汉纪十八》）

这段话是汉朝名将赵充国与汉宣帝讨论如何平定羌人叛乱时说的。赵充国是西汉时期的名将，为人勇武，熟知匈奴、氐族和羌族的习俗，跟随李广利出征时率军突围，被封为中郎将，后官至后将军，出击匈奴，俘获西祁王，汉昭帝驾崩后拥立汉宣帝，被封为营平侯，去世后被追谥为壮，为麒麟阁十一功臣之一。这段话的意思是：帝王军队一旦出兵，应该在不受很大损失的情况下就取得完全的胜利。因此要格外地重视谋略，而不是重视在战场上的拼杀战斗。《孙子兵法》说：百战百胜，并不是最好的策略；要做战争高手，应先在谋略上使自己立于不败之地，再等待可以战胜敌人的机会。

3. 速则济，缓则不及，此圣贤所以贵机会也。（《范景仁墓志铭》）

范景仁名叫范镇，益州华阳人。年少时考中进士，擅长文赋，以前的参知政事薛简肃公、端明殿学士宋景文公都很器重他。补入国子监监生及贡院院士，被推荐为第一名。按照旧历，殿试皇帝唱名过三人后，那么被推荐的首位，一定会自陈贡院推荐第一来祈求皇帝的恩宠。即使在考试选拔中位于下乘，天子也一定会将他提拔到前列。范景仁却没有这样。站在他左右和他并排的人，多次催促他自陈，范景仁不回应。众人都佩服他的安静恬适。从这件事以后，士子们都把自陈当作耻辱，旧的风气于是灭绝了。这段话出自苏轼的《范景仁墓志铭》，意思是：行动快则能成事，行动迟缓则不能成事，这就是圣贤之所以特别善于抓住时机的原因。这句话用在打仗上表示要抓住机会也是十分恰当的。

4. 计疑无定事，事疑无成功。（《便宜十六策》）

《便宜十六策》是中国古代著名的蜀汉军事著作，是由三国时期杰出的政治家和军事家诸葛亮所著的重要兵法。诸葛亮在《便宜十六策》中所提出的一系列治国治军原则，为后代的人们所推崇，可谓是千古治国治军者的经典。这段话的大致意思是，作计划的时候疑虑重重，就无法正确判断时势、明确任务；做事情的时候还疑虑重重，就无法顺利建功立业。这说明思考问题、做事情，必须要杀伐果断，而不能畏首畏尾。

5. 用兵之要，先谋为本。（《虎钤经·先谋》）

宋代开国后出现的第一部对后世有影响的兵书，是许洞所著的《虎钤经》。该书论述了许多用兵的实际问题，并汇集了许多与军事有关的天文、历法、计时及识别方位等知识。这段话的大致意思是，用兵打仗，是一种欺诈之术，最好的取胜手段是谋略，因而，设谋定计是首要的问题。设谋定计，必须精通战争的基本规律和用兵打仗的基本原则，以"攻其无备，出其不意"为宗旨。

6. 兵无常势，水无常形。能因敌变化而取胜者，谓之神。（《孙子兵法·虚实篇》）

《孙子兵法》是中国古代最著名的兵书，"武经七书"之一，世界公认现存最早的"兵学圣典"。这段话的意思是：战争无定法，水流无常形。能依据敌情的变化而采取不同的战略，就称得上用兵如神了。

7. 权谋者，以正守国，以奇用兵，先计而后战，兼形势，包阴阳，用技巧者也。（《汉书·艺文志》）

《汉书·艺文志》，这部最早的系统性书目是汉朝的班固编撰而成的，也是中国现存最早的目录学文学作品，简称《汉志》，属于史志书目，为《汉书》十志之一。这段话的意思是：善于权谋者，用堂堂正正的方法治理国家，用奇谋诈略来指挥作战，不扰害百姓的办法来治理天下，才能取得成功。对敌作战则主张出奇制胜，先计划后作战，兼有形势家雷厉风行的气势，也兼有阴阳家的神秘莫测的技巧。可见，用兵贵在谋略。

8. 凡战者，以正合，以奇胜。故善出奇者，无穷如天地，不竭如江河。……战势不过奇正，奇正之变，不可胜穷也。奇正相生，如循环之无端，孰能穷之？（《孙子兵法·势篇》）

"势"可理解为势能，是指有效力的兵力部署产生的可能性。兵势由分数、形名、奇正和虚实四个方面构成，奇正是其最重要的部分。虽然奇正简单，但变化无穷、变化莫测。奇正相变相生产生势能。势能的爆发，要按照"势险"和"节短"的原则，掌握好治乱、勇怯和强弱的辩证关系，并根据外在环境的变化而灵活运用。因此，形势比人强，形势是取胜的关键。这段话的意思是：一般在战场上，都是以正兵作正面交战，而用奇兵去出奇制胜。善于运用奇兵的人，其战法的变化就像天地运行一样无穷无尽，像江海一样永不枯竭。……战势只有奇与正两种，然而奇正的变化却是变幻莫测的。

9. 知彼知己，胜乃不殆；知天知地，胜乃可全。(《孙子兵法·地形篇》)

《孙子兵法·地形篇》是春秋时期兵法家孙武创作的一篇散文。该篇主要讲的是六种不同的作战地形及相应的战术要求。这段话的意思是：如果只了解我军能打，而不了解敌军能不能打，取胜的可能性只有一半；只了解敌军能不能打，而不了解我军能不能打，取胜的可能性也只有一半；了解敌军可以不可以打，也了解我军能不能打，而不了解地形条件可不可以打，取胜的把握仍然只有一半。所以，真正懂得用兵的将帅，他行动起来，目的明确而不迷误，他所采取的措施变化无穷而不呆板。了解敌我双方的情况，知此知彼，就能百战不殆，掌握天时地利，就可以取得全面的胜利。

10. 用兵之道，不可以常律论也。履险者，兵家之危事，智将常用之而胜，他将常以之而败。胜非险也，以有术胜也；败非不险也，以无术败也。胜败在人而不在险，唯险而后可以见人之能否也。且不探虎穴，安得虎子！冒大险而后能立奇功。险之不冒，虽曰有功，吾未见其奇也。故夫智者不恶夫履险，而恶乎无术。(《酌古论·马援》)

《酌古论》是南宋思想家、文学家陈亮撰写的。此段主要讲出其不意、创意频出的用兵之道。大致的意思是：用兵之道，不能以常规之道论之。踏入敌方险境，对于兵家来说是危险之事，智慧的将军却常常用这一招而取胜，对方将军却常常以为置我方于险境而试图取胜结果却败。并不是因为险而取胜，是因为有战术而取胜；也不是因为不险而失败，是因为没有战术而失败。胜败在人不在险境与否，只有履险而后见人之用兵能力。何况不探虎穴，焉得虎子！冒大险而后能立奇功。所以智慧的人不怕履险，而害怕没有战术。

11.《司马法》曰：国虽大，好战必亡；天下虽平，忘战必危。（《资治通鉴·汉纪十》）

《司马法》又称《司马兵法》或者《司马穰苴兵法》，为中国著名兵书之一，其成书年代和作者均具争议。商周秦汉的大司马可以理解为现代的国防部长，《司马法》从字面上解释就是国防部颁发的作战条例。这些条例据说是齐国司马穰苴整理成文，是现存最古老的军事思想，比《孙子兵法》还要古老。司马光的《资治通鉴·汉纪十》里有这样的记载：当时，汉朝连年征调十几万人出击匈奴，曾斩杀或俘获敌人的将士，被赏赐黄金二十余万斤，而汉军兵士马匹死亡也达十几万，这还不算兵器衣甲和往前方运送粮草的费用。因此，大司农府库枯竭，无法供应军需。对于汉武帝穷兵黩武，可能给国家和老百姓带来伤害，临淄人主父偃就曾经劝诫过汉武帝，这段话就是他对汉武帝的劝诫。他辩证地分析了战争与国家兴衰的关系：好战的国家必然灭亡，而没有战备的国家就会处于危险之中。

12. 勇不足恃，用兵在先定谋，栾枝曳柴以败荆，莫敖采樵以致绞，皆谋定也。（《宋史·岳飞列传》）

《岳飞列传》主要记录了岳飞及其子岳云领兵抗金，精忠报国，最后却为奸臣所害的历史资料，集中反应了元朝的官方观点，给予岳飞以极高的评价。这段话是岳飞说的。大致意思是：作战不能只靠勇敢，用兵在于战前制定谋略，兵不厌诈。春秋时晋国和楚国在进行城濮之战时，晋国下军主将栾枝让士兵们砍下树枝，绑在战车后面拖来拖去，扬起漫天尘土，伪装晋军主力溃逃，最后打败楚国；又楚国出兵征讨绞国，莫敖用派兵打柴的计策打败绞国（莫敖屈瑕献计说："绞国小且其君臣很轻狂，轻狂的人往往缺少计谋。请求采取不派士兵保护我军打柴人的办法去诱惑他们。"楚王采纳了屈瑕的计策。于是，头一天，让绞国人抓走了三十个打柴人。次日，绞国士兵争相出城，将楚方的打柴人往山中驱赶，而楚方则一方面派兵把守绞城的北门，截断绞兵的归路，一方面派兵埋伏在山下，因而大败绞军，结果，楚军迫使绞国与楚订立城下之盟，得胜而归）。他们之所以能取得胜利，都是因为战前认真谋划的结果。

第五章

守正不守旧、尊古不复古的传统观

　　中华文明的创新性表现于守正不守旧、尊古不复古的辩证传统观。中华文明源远流长、博大精深，是中华民族独特的精神标识，是当代中国文化的根基，是维系全世界华人的精神纽带，也是中国文化创新的宝藏。时代精神植根于中华优秀传统文化的沃土，既要一脉相承、历久弥新，也应与时俱进、固本开新。守正不守旧、尊古不复古，体现的是"变"与"不变"、继承与发展、原则性与创造性的辩证统一。中华传统文化作为一种宝贵的文化资源，需要传承和发展。这其中，首先要传承，没有传承和保存，就不可能发展，"观今宜鉴古，无古不成今"，"历史"不是过去，而是现实和未来。善于继承才能善于创新，不忘历史才能开辟未来。"天变不足畏，祖宗不足法，人言不足恤"，则彰显了中华民族革故鼎新、与时俱进的坚定信念，对历史最好的传承就是创造新的历史，对人类文明的最大礼敬就是创造人类文明新形态。伟大的中华民族始终坚持有因有循、有革有化的基本原则，以守正创新的正气和锐气，把赓续中华文脉与创造文明新形态有机统一，在传承中创造，在创造中传承，在"守正"中前行，在"尊古"中创新，在守护中华传统文化中的正气的同时，还要前进、前行；在"尊崇"传统文化的同时，还要开拓创新，从而推进中华优秀传统文化的不断发展与进步，同世界各国优秀文化一道造福人类。

第一节 观今宜鉴古，无古不成今

1. 夫以铜为镜，可以正衣冠；以古为镜，可以知兴替；以人为镜，可以明得失。(《旧唐书·魏徵列传》)

这段话是唐太宗得知魏徵去世后伤痛不已，并对身边侍臣说的话。魏徵是唐初谏议大臣，与房玄龄、杜如晦等辅佐唐太宗成就"贞观之治"，在历史上以敢犯颜直谏著称，创历史上君"畏"臣的先例，是君臣关系的典范。他前后陈谏二百余事，深为唐太宗器重。他谏说唐太宗"兼听则明，偏信则暗""水能载舟，亦能覆舟""居安思危，戒奢以俭""任贤受谏""薄赋敛轻租税"等，被唐太宗称为一面可知得失的镜子，"朕常保此三镜，以防己过。今魏徵殂逝，遂亡一镜矣"。

2. 推古验今，所以不惑。(《素书》)

此句强调以古人兴衰成败为鉴，体察当世，便可以减少迷茫、疑惑。注曰："因古人之迹，推古人之心，以验方今之事，岂有惑哉？"前人宝贵的经验可以使后人少走弯路。虽然时代在进步，但历史总是在时光交替中以另一种版本在现世演绎。清代王氏解读此句曰："始皇暴虐，行无道而丧国；高祖宽洪，施仁德以兴邦。古时圣君贤相，宜正心修身，能齐家治国平天下；今时君臣，若学古人，肯正心修身，也能齐家治国平天下。若将眼前公事，比并古时之理，推求成败之由，必无惑乱。"

3. 法相因则事易成，事有渐则民不惊。(《宋史·苏轼列传》)

这段话是苏轼与司马光谈论王安石变法时说的。苏轼初入仕途，正是北宋政治与社会危机开始暴露、士大夫改革呼声日益高涨的时代，他也迅即卷入了这一浪潮。在嘉祐六年（1061）的对策中，他就发表过改革弊政的议论，其后又在《思治论》中提出"丰财""强兵""择吏"的建议。但苏轼与欧阳修一样，对政治改革取比较温和的态度，所谓"法相因则事易成，事有渐则民不惊"，表明他希望改革在不引起剧烈变动的条件下施行，并主要通过社会各阶层的自觉努力调整与道德完善来改变社会的衰败。

4. 将不知古今，匹夫之勇尔。（《宋史·狄青列传》）

此句是范仲淹对狄青说的话，意思是说将帅不知道古今，只不过是匹夫之勇罢了。于是范仲淹第一次见到狄青，便送给他《左氏春秋》，狄青认真学习此书，然后全数通晓秦汉以来的将帅兵法，从此名声大振。

5. 万物有所生，而独知守其根；百事有所出，而独知守其门。（《淮南子·原道训》）

这段话大意是说，世间万物都有其生存发展的不同规律和具体特性，百事都有其出现、存在的各种具体根据，却都知道应该保住自己的根本、本源。归根、守根，这种"本根"思想在中国传统文化中多有论述，《道德经》中"夫物芸芸，各复归其根"，《荀子·儒效》中"千举万变，其道一也"，《说苑》中"万物得其本者生，百事得其道者成"，这些都是在讲万物纷杂繁多，无论如何变化，都要返归其根源、依照其根本、守住其根基。

6. 为高必因丘陵，为下必因川泽，为政必因先王之道。（《元史·许衡列传》）

这段话是许衡针对当时动不动就讥讽古人的风气而讲的，强调学习古人之经验的重要性。想登高必须凭借丘陵，想到低处去必须凭借河流湖泊，治理天下必须学习先王留下的那些治国的方法。因此他进一步说："今里巷之谈，动以古为诟戏，不知今日口之所食，身之所衣，皆古人遗法而不可违者，岂天下之大，国家之重，而古之成法反可违邪？其亦弗思甚矣！夫治人者法也，守法者人也。人法相维，上安下顺，而宰执优游于廊庙之上，不烦不劳，此所谓省也。"

7.《诗》不云乎："不愆不忘，率由旧章。"夫不学，则不明古道，而能政致太平者，未之有也。(《贞观政要·尊敬师傅》)

唐太宗强调温故知新的重要性。这段话的意思是，《诗经》说：要想不犯错误不忘教训，就必须从旧的规章制度入手，不学习就不能明白古时治国的道理。

8. 文王乃本伏羲之画，体三才之道，推性命之原，极物理人事之变，以明得吉失凶之故，而《易》作焉。(《船山全书·周易内传》)

这段话出自王夫之的《周易内传》卷一，意思是：文王依照伏羲画的卦，体悟天地人三才之道，推究性命之原，极尽物理人事之变，以明示得失吉凶，于是就有了《易经》。

9. 夫记诵词藻，非所以探渊源而出治道；虚无寂灭，非所以贯本末而立大中。帝王之学，必先格物致知，以极夫事物之变，使义理所存，纤悉毕照，则自然意诚心正，而可以应天下之务。(《宋史·朱熹列传》)

这段话是朱熹上奏孝宗所言，强调帝王应该学习古人的帝王之学。朱熹说："皇帝应该要学习帝王之学，应该早日制定修明朝政以抵御外敌的大计。皇帝经常亲自批阅文献书籍，不过是诵读诗文章句。记诵诗文辞藻，并不能够探寻事物发展的渊源而提出治国之道；道家的虚无和佛家的寂灭，并不能够贯穿万物本末而建立无过无不及、恰如其分的大中之道。帝王的学问，必须先穷究事物的本原而获得，以便透彻地认识事物的变化，使世间万物的道理都能存在于心中，对事物的纤细微末之处全都看得透彻，意念自然就会真诚、心地端正，便可以治理好天下。"

第二节　天变不足畏，祖宗不足法

1. 天变不足畏，祖宗不足法，人言不足恤。（《宋史·王安石列传》）

这段话是北宋政治家王安石提出来的，表达其改革旧制、创建新制的决心。意思是说，天变不足以畏惧，祖宗不足以效法，人们的议论不足以忧虑顾忌。王安石变法过程中遭到了以司马光、苏轼等为代表的保守派的强大反对和阻扰，因此王安石经常会附会经义，提出自己的变法主张，常与数百人辩论变法，没有人能够使他屈服。通过王安石变法，政府的财政收入大为增加，北宋府库储存的钱物可供政府二十年的财政支出，各地兴修水利工程一万多处,在全国范围清丈征税田一半以上,查出大量漏田,军事实力也有所增强,武器有所改善,对西夏作战取得一些胜利。这在一定程度上扭转了积贫积弱的局面。但是,新法在推行的过程中,由于用人不当,出现了一些危害百姓的现象,更主要的是,新法触犯了大地主官僚的利益,因此遭到他们的强烈反对。宋神宗死后,保守派司马光当政,新法被废除。

2. 圣人不法古,不修今,法古则后于时,修今则塞于势。周不法商,夏不法虞,三代异势,而皆可以王。故兴王有道,而持之异理。武王逆取而贵顺,争天下而上让。其取之以力,持之以义。今世强国事兼并,弱国务力守,上不及虞、夏之时,而下不修汤、武。汤、武之道塞,故万乘莫不战,千乘莫不守。(《商君书·开塞》)

《商君书》是记录变法家商鞅言行的重要著作,该书解决了在当时条件下实行变法的理论基础问题,提出了变法的几大原则,既有宏观理论阐述,也有具体的法令军规,至今仍有借鉴意义。此段话意思是:圣人不效法古代,也不应拘泥于现状。效法古代就会落后于时代,拘泥于现状就会跟不上形势发展。周朝不效法商朝,夏朝不效法虞舜时代。三代统治方式不同,却都能够称王天下。所以建立王业有一定原则,而守住王业的办法却不相同。周武王靠叛逆的方法夺取政权,却又顺从君主的原则来治理国家，用武力夺取天下，又崇尚谦让的仁德思想；周武王夺取天下靠的是暴力，守业靠的却是礼制。现在强国致力于用武力兼并别国，弱国所做的事是尽力防守，从远古来说赶不上虞、夏两个时代，而近古时代不遵循商汤、周武王的治国原则。

3. 治世不一道，便国不法古。故汤武不循古而王，夏殷不易礼而亡。反古者不可非，而循礼者不足多。(《史记·商君列传》)

这是商鞅对秦孝公说的话。意思是：治国并不是只有一条道路，只要有利于国家，就不一定非要拘泥于古法旧制。所以商汤、周武不循古道而缔造王业，夏桀、商纣不改礼制而亡国。违反古道不可以否定，而因循旧礼的不值得赞美。商鞅认为如果可以强国，就不用袭用成法，如果可以利民，就不用遵循旧礼，改革旧制变新法的前提和核心就是强国与利民，这也是一切变法应该遵循的原则。秦孝公对商鞅的话表示赞同，并因此任用商鞅为左庶长，决定变法。古代典籍有许多此类观点，如《淮南子·氾论训》"苟利于民，不必法古；苟周于事，不必循旧"，《管子·正世》"不慕古，不留今，与时变，与俗化"，魏源《治篇》"变古愈尽，便民愈甚"。

4. 不可恃衣冠礼乐之旧，祖宗积累之深，以为天命

人心可以安坐而久系也。"皇天无亲，惟德是辅；民心无常，惟惠之怀。"自三代圣人皆知其为甚可畏也。(《宋史·陈亮列传》)

此段话出自南宋时期思想家、文学家陈亮的《上孝宗皇帝第一书》，这是讲"衣冠礼乐之旧""祖宗积累之深"也未尝能保证皇帝"安坐而久系"，应该惟德是辅、以民为本，励精图治，不断改革创新、变法图新，推进社会经济发展，以安抚百姓、巩固政权。这段话的大致意思是：皇帝不可以依赖衣冠礼乐之旧制、祖宗积累之深厚而有恃无恐，以为天命人心都系于一己而万世不变。皇天对人无所谓亲疏，它唯一支持的就是有德性的君王；百姓的心没有固定地系于某一君，百姓唯一感怀的就是有恩于他们的君王。

5. 智者作法，愚者制焉；贤者更礼，不肖者拘焉。(《史记·商君列传》)

此段是从变与不变的视角来评价智与愚、贤与不肖的不同表现。当年，秦孝公考虑是否变法而左右摇摆不定，商鞅在秦孝公面前，与改革的反对派甘龙、杜挚进行了面对面斗争和辩论，这一席精彩答辩就是当时说的。引申的意义是：智慧的政府，应该立法去适应新的发展；愚蠢的政府，才会在明知法律已经不适应发展的情况下，被旧法束缚。同样，贤能的人会根据时代变更礼仪，愚蠢的人才会被旧礼所约束。这一场辩论彻底打消了孝公的疑虑而决定变法。变法也因此让秦国强大起来，最后成就了霸业。

6. 请君莫奏前朝曲，听唱新翻《杨柳枝》。(《杨柳枝词》)

此两句诗出自刘禹锡的《杨柳枝词九首·其一》，意思是，请你不要再吹奏前朝的曲子，来听听新创作的《杨柳枝》，表达了作者主张改革旧制、创立新制的强烈愿望。《杨柳枝》，此调本为隋曲，与隋堤有关。传至开元，为唐教坊曲名。白居易翻旧曲为新歌，时人相继唱和，亦七言绝句。这两句诗属于《杨柳枝词》九首诗的首篇，是全组诗的序曲，劝人听诗人改编的新曲，表明了诗人一贯持有的发展创新观念。首句提到汉乐府横吹曲中的《梅花落》曲，次句讲的是《楚辞》中的《招隐士》篇。《梅花落》曲原出塞北，歌咏梅花，《招隐士》出自淮南王门下，屡屡咏及桂树，它们与《杨柳枝词》都以树木为歌咏对象，在内容上有相通的地方，所以刘禹锡拿它们来与《杨柳枝词》相比。接着指出《梅花落》《招隐士》这两个作品毕竟是前朝之曲，不要再奏了，现在还是听改旧翻新的《杨柳枝词》吧！

7. 三代井田之良法坏于（商）鞅，唐租庸调之良法坏于（杨）炎。二人之事，君子所羞称，而后之为国者

莫不一遵其法。一或变之，则反至于烦扰无稽，而国与民俱受其病，则以古今异宜故也。(《文献通考·自序》)

此段出自马端临的《文献通考》，强调改革变法要适应时代要求，要因时因事而变法。这段话的意思是：三代井田制度被商鞅革新，唐租庸调制度被杨炎革新。二人变法之事，虽然儒家君子觉得不值一提，但后来治国理政者都纷纷遵守其法，一旦有改变的，则反导致麻烦纷至，国家与百姓都受其害，可见二人改革适应了古今异宜的道理，迎合了新时代的需要。

8. 法既积久，弊必丛生。故无百年不变之法。(《上皇帝第六书》)

此段是康有为的变法观，意思是：法律用久了，一定会生出很多弊端，因而没有百年不变之法，应随时而变法，时移而法亦移。康有为的这种变化观为当时的维新变法运动提供了有力的理论武器。为驳斥顽固派"祖宗之法不可变"的陈词滥调，康有为指出"夫方今之病，在笃守旧法而不知变"，无情抨击了那些死守"祖宗之法"的顽固旧势力。并进而指出："今数十年诸臣所言变法者，率皆略变其一端，而未尝筹及全体，又所谓变法者，须自制度法律先为改定，乃谓之变法。今所言变者，是变事耳，非变法也。臣请皇上变法，须先统筹全局而全变之，又请先开制度局而变法律，乃有益也。"

9. 柳宗元有言曰：封建非圣人意也，势也。盖自上古以来有之，圣人不得而废也。故制其爵位之等，为之礼命之数，合之以朝觐会同，维之以长帅牧伯，而后可治也。周室既衰，并为十二，列为六七，而封建之礼已亡。秦以诈力一天下，划灭方国以为郡县，三代之制不可复矣。后世惟知周之长久，而不知所以长久者由其德，不独以封建也。必欲法上古而封之，弱则不足以藩屏，强则必至于僭乱，此后世封国之弊也。(《唐鉴·太宗》)

这是范祖禹在评论唐太宗想法上古之法实行封建制而失败的历史事件时说的一段话。意思是：柳宗元曾经说过，封建，不是圣人设想出来的一套制度，只是客观形势造成的一种结果。封建自上古以来就有这种制度，圣人也不能把它废除。所以制定了爵位的等级，区分了礼器仪式的数量，再与朝见会同的制度相配合，又用诸侯之中的首领加以维护，而后可以治理天下。周王室衰败之后，天下众多的诸侯先是合并为十二诸侯，之后又合并为六七个大诸侯国，而封建制度已经灭亡。秦靠使用阴谋与暴力统一了天下，消灭了各方的诸侯国而划分为郡县，于是三代以来的封建制度就不能恢复了。后来的人只知道周朝有八百年之长久，却不知道之所以能够如此长久是由于周王室重德，不单单靠封建制。一定想要效法上古而进行分封，就只能使弱小的诸侯无力屏护天子，而强大的诸侯则必定会僭越天子而使天下大乱，这就是后代分封诸侯国的弊端。

10. 动天地者莫若精诚，致和平者莫若修政。（《旧唐书·懿宗本纪》）

意思是，只有真诚无妄才能感天动地，只有修明政治才能安抚百姓，求得和平。值徐州庞勋造反、战事不息、久旱虫灾、民生困弊之际，懿宗下制布告中外，表达了要以民为本，修改朝政，以安定天下百姓之决心。实际上这个制令是懿宗对自己执政十一年来的一次深刻的反思，正所谓"咨尔多士，俾予一人，既引过在躬，亦渐几于理"，向各位大臣请教，也躬自厚而薄责于人，只希望国家能够得到很好的治理。

11. 一祖之法无不敝，千夫之议无不靡，与其赠来者以劲改革，孰若自改革？（《乙丙之际著议第七》）

此段话出自龚自珍《乙丙之际著议第七》，表达了改革创新是一种具有必然性的时代趋势的思想。意思是，祖宗制定的规章制度随着时间的推移总会有许多弊病，变得不合时宜，所有反对改革的言论最后没有不被驳倒的，与其让后来者居上强力推行改革，还不如我们自己主动进行改革。回顾我们的先祖之所以兴旺发达，难道不是因为改革了前代衰败之政的结果吗？

第三节　有经必有权，有法必有化

1. 国弈不废旧谱，而不执旧谱；国医不泥古方，而不离古方。(《阅微草堂笔记·滦阳消夏录三》)

此段话出自纪昀晚年所作的《阅微草堂笔记》，主要表达了作者尊古不泥古、有经必有权、有法必有化的辩证传统思想。《阅微草堂笔记》整部作品恬淡古雅，质朴简洁，无论是写人还是叙事，皆着墨不多，不过粗陈梗概，点到为止，但极有章法，颇见情致。此段话出自作者所讲述的一个故事，说是有一个叫刘羽冲的人，性情孤僻，喜欢讲过去的章法规制，理解迂腐，实际上都不能施行。他偶然弄到一本古代兵书，伏案攻读了差不多一年时间，自称能带兵十万打仗。恰好当时有土匪，他自己训练兵士跟土匪较量，结果乡兵大败，他几乎被活捉。他又弄到一本古代讲水利的书，钻研了有一年时间，自吹可以使千里之地成为沃土，画了图游说州官。州官也好事，就叫他在一个村子里试验。刚挖好沟渠，洪水就来了，顺着沟渠灌进来，百姓差点儿成了鱼。从此他闷闷不乐想不开，常常在庭院里独自踱步，摇头自语道："古人难道骗我！"每天念叨千百遍，只有这六个字。不久，他发病死去。

2. 孔子之作《春秋》，其于三代之道，或增或损，或从或违，必取其与世宜者举而措之，而不必循其旧典。（《陈亮集·问答上》）

此段出自南宋陈亮，他再次提出了变通的观点，指出了今日之变通的必然性。如何变？陈亮强调"必取其与世宜者举而措之"，即强调因时因事而有所损益。

3. 权，所以别轻重也。凡此重彼轻，千古不易者，常也。（《孟子字义疏证·权》）

此段出自戴震的《孟子字义疏证》，强调了要权衡取舍的辩证观点。"经"与"权"是儒家思想中的重要范畴，是儒家哲学所关注的主要问题之一。"经"的本义指织造物的纵线，引申为直行、南北行走的道路，后扩展为常道、常规、原则。"权"引申为两种含义：一是权势、权谋，二是权变，即权衡区别事物的轻重缓急之意。凡事总会有此重彼轻之别，这是千古不易之法则。在儒家思想中既有对原则的坚守，也十分重视权变，并且，经与权各有其道，经不离权，权不离经。经与权在现实中的体现就是如何"知常而应变"的问题。

4. 嫂溺不援，是豺狼也。男女授受不亲，礼也；嫂溺，援之以手者，权也。（《孟子·离娄上》）

此段表达了孟子主张遵礼要因时而权变的思想。礼是古代治国的纲纪，是人人必须遵守的；男女授受不亲，是古礼中极重要的一条。然而当嫂子掉入水中有生命危险时，孟子说，应该"援之以手"，伸手援救嫂子。孟子解释说：男女授受不亲，是礼；嫂溺援之以手，是权。这里提出了中国传统文化中的一个重要的思想，即权变思想。权变，就是变通。礼的规定，只能是针对一般情况，而世事复杂，总有许多预料不到的情况发生，因而必须有变通，没有变通是行不通的。

5. 自其变者而观之，则天地曾不能以一瞬；自其不变者而观之，则物与我皆无尽也，而又何羡乎！（《赤壁赋》）

此段出自于苏轼《赤壁赋》，表达了作者辩证的变与不变观。意思是：从事物易变的一面看来，天地间万事万物时刻在变动，连一眨眼的工夫都不停止；而从事物不变的一面看来，万物同我们一样都是永恒的，又有什么可羡慕的呢？

6. 任己而不师古，秦氏以之致亡，师古而不适用，王莽所以身灭。（《宋书·礼志一》）

此段话表达了继承与改革都要与时代相适合的思想。根据自己的想法进行改革，完全不学习继承古制，这是秦朝之所以灭亡的原因，教条地遵循旧制不因时而变，这是王莽改革失败的原因。可见，治理天下应辩证处理好经权的关系，既要继承，又要因时度势适时改革。有很多经典亦有类似论述，如清石涛《画语录》"凡事有经必有权，有法必有化"，《史记·屈原贾生列传》"夫圣人者，不凝滞于物而能与世推移"。

7. 是以禹继舜，舜继尧，三圣相受而守一道，亡救弊之政也，故不言其所损益也。繇（由）是观之，继治世者其道同，继乱世者其道变。（《举贤良对策》）

这是董仲舒对汉武帝说的话，主要表达治理国家要根据治乱情况而适时进行改革的观点。大致意思是尧舜禹是治世，所以不必改革，但乱世一定要改革。他认为，汉得天下以来，常欲善治，而至今不可善治，是"失之于当更化而不更化也"。

8. 天下之治,有因有革,期于趋时适治而已。(《宋史·徐禧熊本列传》)

此段话是熊本向皇帝上的奏章,主要表达了治理国家要趋时适治、有继承有革新。意思是:治理天下的办法,有继承有变革,但都是为了能符合时代需要,达到治理的目的。

9. 太史公曰:……宰制万物,役使群众,岂人力也哉?余至大行礼官,观三代损益,乃知缘人情而制礼,依人性而作仪,其所由来尚矣。(《史记·礼书》)

此段是司马迁发表的一段议论,主要表达了为政者应该对旧制有所损益、主动适时变法的观点。意思是:统治天下,难道是靠力量征服吗?我到过主管礼仪的大行官府,观看夏商周三代对礼仪的删减增益,才知道顺从人情来制定礼规,依照人性来制作仪节,由来已久。这是为政者的管理手段创新。

10. 圣人官天地,俯万物,推历律,定制度,兴礼乐,以前民用,化至咸若,皆物理也。其常也,即其变也。(《物理小识·总论》)

此段出自方以智的《物理小识》，方以智在该书中提出的许多真知灼见，在当时是领先于那个时代的。此段话主要表达了观天俯地、裁成万物的变通、变法精神。意思是：圣人观天俯地以裁万物，推算历律，制定制度，兴礼乐，教化所到之处，都是物理。其中的不变规律，就是变化。

11. 三十年为一世，则其所因，必有革。革之要，不失中而已。治兽皮去其毛谓之革者，以能革其形。革有革其心，有革其形。若兽，则不可以革其心者。不从世而从廿、从十者，世必有革，革不必世也。（《周官新义·考工记》）

此段话出自王安石的《周官新义》，表达了要善于权变的思想。意思是：既然以三十年为一世，超过三十年为另一世，那么，世与世之间，就不仅有因袭关系，还有变革的关系。因此世必有革。革的关键在于不失中。革有革心和革形的区分，处理动物的毛皮，这是革形，不能革动物之心。革字不以世字当头，而以廿、十贯通首尾，说明只要势在必革，就革不必世。革的中心在于有为。

12. 道有升降，政由俗革，不臧厥臧，民罔攸劝。（《尚书·毕命》）

周康王命令作册书，册命毕公治理成周，分别殷民善恶，区别居里疆界，安定周王都的郊区，史官写了《毕命》。此句是周康王对毕公的告诫，表达了周康王主张修明政教、应时而变的理念。世道有好有坏，政教也随应时而变。如果不能褒奖善良，树立起以善为美的榜样，百姓将无向善之心。

13. 赵武灵王北略中山之地……与肥义谋胡服骑射以教百姓。曰："愚者所笑，贤者察焉。虽驱世以笑我，胡地、中山，吾必有之！"遂胡服。（《资治通鉴·周纪三》）

此段记载了赵武灵王适时而变，敢于主动变法胡服骑射的事迹。这段话的意思是，赵武灵王向北侵占中山国的地方……与大臣肥义谋划穿胡人的服装、练习骑射技术教化百姓。赵武灵王说："愚蠢的人笑话，聪明的人却能明辨。即便全天下的人都来耻笑我都无所谓，我要的是能占领胡人居住的地方和中山国。"于是改穿胡服。赵武灵王推行胡服骑射，励行改革，改变了中国军队中宽袖的最初正规军装，以后逐渐演变改进为后来的盔甲装备。赵武灵王的改革，减弱了华夏民族鄙视胡人的心理，增强了胡人对华夏民族的归依心理，缩短了二者之间的心理距离，奠定了中原华夏民族与北方游牧民族服饰融合的基础，进而推进了民族交融。

14. 夫道，善用之则百里之地可以独立，不善用之则楚六千里而为仇人役。故人主不务得道而广有其势，是其所以危也。（《资治通鉴·周纪四》）

这段话是强调治国之道宜经权变化。周赧王二十三年，秦国害死楚怀王，又接着逼迫楚顷襄王从秦国迎娶成亲，受尽侮辱，于是司马光评价了以上这段话，认为楚国国君缺乏正确治理国家的手段。意思是：治的方略，用得恰当，即使百里小国也可以独立天下，用得不恰当，像楚国拥有六千里土地的国家也会被仇敌国家打败。所以人主若不全心讲求治国方略，便是空有极大的权势，这恰是危险的原因。

15. 三王之道，所祖不同，非其相反，将以捄溢扶衰，所遭之变然也。（《资治通鉴·汉纪九》）

此段出自董仲舒的"天人三策"，主要表达不同时代治国之道因革不同。董仲舒对汉武帝说：三代圣王的治国之道，侧重点各有不同，并不是因为他们互相矛盾，只是由于各自面对的社会情况不同，都是为了医治社会积弊，才形成了治国之道的不同。

16. 必先知致弊之因，方可言变法之利。（《论更改贡举事件札子》）

出自欧阳修的《论更改贡举事件札子》，此句表达了变法之际要权衡，只有事先知道造成弊端的原因，才能对症下药，才明确知道变法改革可以带来何种益处。

17. 治天下譬如居室，敝则修之，非大坏不更造也。（《宋史·司马光列传》）

这段话是宋神宗、吕惠卿、司马光三个人就王安石变法一事的对话，司马光主要表达了变法不可太猛、要有因有革、渐次进行的观点。王安石当时主持政务，施行变法，司马光反对，上疏陈述利害，并拿汉武帝改变成规结果导致盗贼布满天下的事作喻，表示祖宗之法不可随意改变，治理天下好比住房子，房子坏了就修补一下，不是大坏，就不要另造新的。

第六章
穷则变、变则通、通则久的发展观

中华民族自古以来就有"穷则变,变则通,通则久"的辩证发展观。"变"是宇宙中物质固有的普遍性和永恒性规律,"通"则是运动变化的连续性和事物之间的关联性。中华民族自古以来就深谙宇宙变动不居、变化发展之道,并自觉洞悉其变化,把握其规律,敢于、善于打破不合时宜的老规矩,革除阻碍社会发展的种种弊端,寻找发展的新出路,以变通而求生存,以改革而求发展。宇宙自然随时处于变化之中,这是道;人事应该体道、知道、尽道,明者因时而变,知者随事而制,要顺应时代变化，做到与时俱进，促进发展，变通以求发展之宗旨乃是以民为本。历史和实践充分证明，正是因为能够识变应变求变，中华文明才能历尽劫波从未中断，中华民族才能战胜一切艰难险阻，屹立于世界民族之林。"穷则变，变则通，通则久""生生之谓易"，体现了中华民族拒绝僵化、永不停滞的进取姿态和变中求新、新中求进的精神追求。"天行健，君子以自强不息""地势坤，君子以厚德载物"，展现了中华民族上下求索、自强不息的求变意识。古往今来，适者生存、变者多赢。在不断变革的社会背景下，只有审时度势、与时俱进，才能把握机遇、主动作为，成为竞技场上的强者和赢者。从这个意义上说，"变"与"通"不仅是一种社会变革和发展的方式和趋势，而且也是中华民族的一种思维方式和精神状态。

第一节　穷神知化，德之盛也

1. 神农氏没，黄帝、尧、舜氏作，通其变，使民不倦，神而化之，使民宜之。《易》穷则变，变则通，通则久。是以"自天佑之，吉无不利"。(《周易·系辞下》)

《周易》是五经之一，记载了中国人对自然规律的理解和探索。"穷则变，变则通，通则久"概括了自然变化的一个基本特征：万事万物发展到一定阶段，就会遇到瓶颈，原先曾经有利的条件也会成为进一步发展的障碍，这时就要主动调整、主动变化，在调整和变化中寻求到新的发展路径，通过不断的动态调整，以保证社会能够稳定持续发展。这种"变通而图存"思想是从古至今的中国智慧，司马迁著《史记》旨在"通古今之变"，王安石变法也推崇"变通"精神，清末资产阶级维新派为了变法维新，也提出了"变者，古今之公理也"，阐述变法图存的道理。中华民族先祖自古以来就有穷则求变、变则通、通则久的哲学智慧。改革即求变通，只有变通才能恒久。然而古代历次改革的成败得失，无不向世人昭示着其中的不易与艰辛。如何才能如理如法地推行改革呢？《周易》里面有多处谈到"趋时"的概念，这将在本章的第二节中详细谈到。此段话表达了古代朴素的唯物主义的观点，其意是说，历代圣人先后继起，会通变易前代的典章制度，领导百姓进取不懈，使百姓各得其宜。在中国古代许多经典中都有类似表达，如《周易·系辞上》的"知变化之道者，其知神之所为乎"，《资治通鉴·唐纪》也有"凡人之情，穷则思变"，王安石《论议·河图洛书义》中的"尚变者，天道也"。

2. 穷神知化，德之盛也。（《周易·系辞下》）

"穷"是极点、尽头，"神"指人的思维能力，这个思维能力非常奇妙，孔颖达注疏曰："穷极微妙之神，晓知变化之道，乃是圣人德之盛极也。""穷神知化"指把人的思维能力发挥到极致，能知道造物变化的原理，能预见事物的吉凶。这与《孟子·尽心上》中说的"尽其心者，知其性也，知其性，则知天矣"，是同样的意思；老子《道德经》中也有同样的观点，老子说人身有一个

"玄牝之门",这个玄牝之门,是"天地之根",透过这个玄牝之门、天地之根,可以知道天地万物的起源。

3. 极数知来之谓占,通变之谓事,阴阳不测之谓神。(《周易·系辞上》)

"极数知来之谓占","极"就是穷尽;"数"指大衍之数;"极数",孔颖达认为就是"穷极蓍策之数",也就是《系辞传》后面提到的五十根蓍草演算数字。朱熹《周易本义》说"极数知来所以通事之变",就是把数理推衍到极点,可以知道未来,说明数字象征事物变化的规律。"通变之谓事"意思是说,能够通晓万物的变化就叫事。"阴阳不测之谓神",韩康伯注曰:"神也者,变化之极,妙万物而为言,不可以形诘者也,故曰'阴阳不测'。"总体上的意思就是,穷尽数理预测未来就叫占,能推测数理知道来龙去脉是谓占卜,通权达变谓之事,然而天下万物,皆由阴阳,或生或成,本其所由之理,不可测量之谓神也。

4. 始虽垂翅回溪,终能奋翼黾池,可谓失之东隅,收之桑榆。(《后汉书·冯异传》)

这是东汉皇帝刘秀为奖赏作战有功的冯异将军而下的诏书里面的话,认为宇宙万物总是存在莫测的变化,在这个时候丧失机会或失败了,在另一个时候或许可以得到补偿。《后汉书·冯异传》里记载的史事是：东汉刘秀登基为皇帝后，派大将冯异率军西征，敉平赤眉军。赤眉佯败，在回溪之地大破冯军。冯异败回营寨后，重召散兵，复使人混入赤眉，然后内外夹攻，在崤底之地大破赤眉。事后，刘秀下诏奖之，谓冯异初虽在回溪失利，但终能在渑池获胜。可谓在此先有所失，后在彼终有所得，当论功行赏，以表战功。

5. 翻经如壁观僧，饮酒如酣醉道士，横琴如黄葛野人，肃客如碧桃渔父。(《小窗幽记·集韵》)

这是主张人们要学习宇宙自然万化的规律，要随时势而变，才能取得好的成绩。意思是：看经书就像面壁的和尚，喝酒就像酣醉的道士，弹琴就像幽雅的草野高逸，迎客像不会撒网的渔夫。寓示做不同的事要有不同的态度。

6. 夏日蝉声太烦，则弄箫随其韵转；秋冬夜声寥飒，则操琴一曲咻之。(《小窗幽记·集韵》)

这是主张人们可以根据自然界的现状，自己改变自己所处的环境。意思是：夏天的蝉声烦人，那就吹箫和着蝉声的韵律；秋冬夜里无声，那就用琴弹上一曲。意味着环境可以由自己改变。变化是宇宙万物之理，人亦应该学习此理，只有穷神知化，才是极盛之德。

7. 世易时移，变法宜矣。譬之若良医，病万变，药亦万变。病变而药不变，向之寿民，今为殇子矣。(《吕氏春秋·察今》)

《察今》为《吕氏春秋·慎大览第三》中的第八篇，是一篇以立论为主的政论散文。作者紧紧围绕"察今"这个中心论点来展开论述，强调因时变法的重要性，说明古今时世不同，制定法令制度，应明察当前的形势，不应死守故法。这段话主要表达要穷神知化的道理。意思是说：时移世易，也要随时改革变化。改革譬如用药，必须根据不同的病症开出不同的药方。病变而药不变，就会造成截然相反的结果。《吕氏春秋·察今》记载的史事是：楚国人想偷袭宋国，派遣人先去测量澭水的深浅并做好标志。澭水突然暴涨，楚国人不知道，在夜里仍然沿着以前做好的标志渡水，结果淹死了一千多人。这就是不作变通、死循旧制而失败的典型。

8. 夫时有可否，物有废兴，方其所安，虽暴君不能废，及其既厌，虽圣人不能复。故风俗之变，法制随之，譬如江河之徙移，强而复之，则难为力。(《宋史·苏轼列传》)

熙宁四年（1071），王安石打算改变科举、兴办学校，皇帝下诏令两制、三馆讨论，苏轼一直反对王安石变法，于是上疏皇帝，这段话就是上疏中言。意思是：时代有可以变法与不可以变法之分，万物有废有兴，当一项制度合乎时代需要,虽然是暴君也不能废除它,等到它受到天下人厌倦,虽是圣人也不能恢复使用。所以风俗变了,法制也跟着变化,这好比江河的迁移,强要它回到故道,那是难以做到的。而如今时代属于不可变法的时代,要改变现存的风俗与礼仪都是不合时宜的。

9. 人莫不饮食也,独膳夫为能调五味之和;莫不睹日月也,独星官为能步亏食之数者,诚以得其法故也。
(《元史·许衡列传》)

至元二年(1265),世祖任用安童为右丞相,打算让许衡辅佐他,再次把他召入京师,让他在中书省议论朝政得失,许衡上疏皇帝。意思是:每个人都要吃饭,但只有厨师才能调和五味;每个人都看得见太阳和月亮,但只有星官才能推算出日月盈亏之规律,这是因为他们方法得当的缘故。这是指改革创新要注意方法。

10. 盛必衰,衰必敝,敝则变;不变则毁,毁则熄。此知道者之所深忧乎!图善变而不毁者,其诸取法于农。
(《农政全书·农本》)

这段话出自徐光启的《农政全书》,通观全书不难发现《农政全书》是在对前人的农书和有关农业的文献进行系统摘编译述的基础上,加上自己的研究成果和心得体会撰写而成的。然而徐光启摘编前人的文献时,并不是盲目追随古人，卖弄博雅，而是区分糟粕与精华，有批判地存录。这段话的意思是：繁荣到极端必然开始衰败，衰败之后必然凋敝，凋敝之后必然求变；不变就会毁灭，毁灭就会万事俱熄。懂得此种规则的人有深深的忧患意识。这种通过变化而生存的思想，就是取法于农业发展的规律。

11. 坤至柔而动也刚，至静而德方，后得主而有常，含万物而化光。坤道其顺乎？承天而时行。（《周易注·坤》）

这段话出自王弼的《周易注·坤》，主要讲坤道的特点，即"含万物而化光"，坤道即是顺应之道，它顺应天道的四季运行，顺时而变、顺势而化就是极盛之德。意思是：坤是最柔顺的，然而它却可以变得极其刚健；坤是安静的，但它的品德却是方正不邪。它是顺着乾阳运行的，但却有着自己的规则。它包容万物，化生的功能广大无边。

12. 子在川上曰：逝者如斯夫，不舍昼夜。（《论语·子罕》）

这是《论语》中的名言。孔子面对奔涌不息的大河，发出了时不我待的感慨。流水一去不复返，无论昼夜永不停息。观于水而悟人生之道，尽管过去的已经过去，但应该时时刻刻保持自强不息、永不懈怠的精神。

第二节　因时而变，随事而制

1. 变通革弊，与时宜之。唯圣人为能通其意。(《辽史·礼志一》)

中华文化强大的生命力和延续力，来自中华文化丰富的通变智慧，来自这一文化所具有的一种能有效应对时代挑战的内部机制，这就是《周易》提出的"穷则变，变则通，通则久"的命题。中华民族先祖不仅懂得"通变"的道理，而且掌握了"时变"的机巧。中国传统文化中有丰富的关于"时变"的表述，"因时而变""因势而变"贯穿着中国传统文化的始终，"时变"是中华文化绵延不绝的基因密码。这段话的意思是，与时代呼应，因时而通变，这是圣人才能懂得的道理。类似的表达还有很多，比如左宗棠《答吴永第二书》有"因时而变者明"，《庄子·天运》有"礼义法度者，应时而变者也"，《周易》"艮"卦《象》言"时止则止，时行则行"，《周易·系辞下》有"变通者，趣时者也"，《周易·随》有"天下随时，随时之义大矣哉"。

2. 明者因时而变，知者随事而制。（《盐铁论·忧边》）

这段话出自西汉桓宽的《盐铁论》。《盐铁论》是中国经济史上一部非常重要的书籍，它是汉昭帝始元六年（前81）那次著名的"盐铁之会"的会议记录。在那次大会上，御史大夫桑弘羊和全国各地招来的贤良文学六十余人，就当时国家的一些大政方针，尤其是经济政策，比如盐铁专营、酒类专卖和平准均输等问题，展开了激烈的辩论。总体来说，贤良文学站在民间的角度，对汉武帝以来以盐铁专卖为代表的许多政策进行了抨击；而桑弘羊则代表官府舌战群儒，对政府的各项方针政策进行了辩护。因为盐铁专营问题最为突出，是会议的首要议题，所以后人就将此次大会称为"盐铁之会"。此段话中的"知"，通"智"，智慧的智。意思是说，聪明人会根据时代的变化而改变策略，有智慧的人会随着世事变化的情况而制定法则。

3. 阳德中正，与时偕行。乾元九五，天下文明。
(《题升龙》)

这段话出自杨士奇《题升龙》，主要强调自然界中太阳的德性是不偏不倚，只是随着时间的变化而变化。杨士奇，明代大臣、学者，官至礼部侍郎兼华盖殿大学士，兼兵部尚书，历五朝，在内阁为辅臣四十余年、首辅二十一年。与杨荣、杨溥同辅政，并称"三杨"，因其居地所处，时人称之为"西杨"。"三杨"中，杨士奇以"学行"见长。阳德不偏不倚，变通趋时。乾卦九五，乾元之气蓬勃盛大，是万物创始化生的动力资源。这段话中，"阳德"即阳气、阳光，"中正"即不偏不倚，"与时偕行"是指随着时间的变化而变化，"乾元九五"是指乾卦九五爻所处的位置，这个位置是乾卦的最好位置，很尊贵，意味着君子已经实现了自己的目标、理想，而达到自由自在的状态。

4. 所遇不同，故当因时制宜，以尽事适今。(《晋书·刘颂列传》)

这是刘颂上疏魏文帝时说的一段话，也是成语"因时制宜"的出处。刘颂劝诫魏文帝要因时制宜，所遇到的情景不同，要尽人事以适应时势之变化。

**5. 语曰："日中则移，月满则亏。"进退赢缩。与时

变化，圣人之道也。(《资治通鉴·秦纪一》)

这是燕国的客卿蔡泽对秦国丞相范雎说的一段话，他劝范雎学会有屈有伸，因时而变，功成身退，辞去丞相职务。意思是，俗话说：太阳升到中午天就要偏斜而西，月亮圆满了就会渐渐亏缺。进退伸缩，随时势的变化进行调整以求适应，这是圣人的法则。范雎接受了这个建议，于是将蔡泽奉为上宾，并把他推荐给了秦昭襄王，范雎即以生病为借口，辞去了相国之职。蔡泽被秦王任命为丞相，但没几个月就被免职了。

6.《象》曰：天地交，泰；后以财成天地之道，辅相天地之宜，以左右民。(《周易注·泰》)

王弼注曰："泰者，物大通之时。上下大通，则物失其节，故财成而辅相，以左右民也。"这段话的意思是，《象》卦中指出：泰卦的卦象为乾（天）下坤（地）上，地气上升，乾气下降，为地气居于乾气之上之表象，阴阳二气一升一降，互相交合，顺畅通达；君主这时要掌握时机，善于裁节调理，以成就天地交合之道，促成天地化生万物之机宜，护佑天下百姓，使他们安居乐业。

7. 一代之运，有建、有成、有守；一王之德，有遵养、有燮伐、有耆定；一德之修，有适道、有立、有权。……君子以自强不息，勉以乘时也。(《船山全书·周

易外传》）

这段话出自王夫之的《周易外传》。一个朝代的命运，有建立、有发展、有衰败等不同阶段的兴衰荣辱过程；一王之德，有从遵守约定休养生息，到协同征伐，最后平定天下之发展过程；而修养德性，有以德配天、有立身、有权变。……因此君子自强不息的根本，在于勉励自己保持趋时，因时而动，顺应潮流。

8. 是故居上位而不骄，在下位而不忧。故乾乾，因其时而惕，虽危无咎矣。（《周易注·乾》）

王弼注曰："居下体之上，在上体之下，明夫终敝，故不骄也；知夫至至，故不忧也"，"惕，怵惕之谓也。处事之极，失时则废，懈怠则旷，故'乾乾，因其时而惕，虽危无咎'"。意思是：身居高位而不骄傲，处在下位也不担心，所以能够努力向上进取，自强不息。因为他时时谨慎小心，即使遇到危险也不会遭灾了。

9. 凡事豫则立，不豫则废。言前定则不跲，事前定则不困，行前定则不疚，道前定则不穷。（《中庸》）

这段话主要是讲做任何事情都要提前做准备，要因时而变。意思是：豫者，预也，任何事情，事前有准备就可以成功，没有准备就要失败；说话先有准备，就不会词穷理屈站不住脚；做事先有准备，就不会遇到困难挫折；行事前计划先有定夺，就不会发生错误后悔的事。这样的表达还有很多，比如《韩非子·五蠹》："事异则备变"，"水在火上，既济。君子以思患而豫防之"。

10. 天地之道，寒暑不时则疾，风雨不节则饥。教者，民之寒暑也，教不时则伤世。事者，民之风雨也，事不节则无功。然则先王之为乐也，以法治也，善则行象德矣。（《礼记·乐记》）

这段话是说明治理天下与教化民众都应该因时而作、因势而为。意思是：依照天地运行的规律，天气的冷热不按时交替，就会发生灾祸；风雨不调和，就会出现饥荒。教化对于民众就像风雨的变化一样，不及时施教就会危害社会。制度对于民众就像风雨的调和一样，没有节度就难见功效。因此，从前的君王创制礼乐，是当作治理民众的一种方法，恰当地使用，就会使民众的行为与道德相吻合。

11. 云上于天，需；君子以饮食宴乐。（《周易注·需》）

王弼注曰："童蒙已发，盛德光亨，饮食宴乐，其在兹乎！"这段话的意思是：水汽聚集天上成为云层，密云满天，但还没有下雨，象征等待。君子在等待时要保持平常的心，照常饮食宴乐，即在等待的时候积蓄力量。引申：只要坚守中正，谨慎行动，一定会有所成就。

12. 先揆后度，所以应卒。设变致权，所以解结。(《素书》)

这段话出自黄石公的《素书》，主要强调要随机应变、审时度势。意思是，事先揣测、度量，做到心中有数，便可以审时度势，随机应变，处理突发事件。设想各种变化情况，加以权衡谋划，这样就可以灵活解决各种复杂矛盾。

13. 夫功者难成而易败，时者难得而易失也。时乎时，不再来。(《史记·淮阴侯列传》)

齐国人蒯通知道决定天下局势的关键在于韩信，于是用相面之术来劝说韩信抓住时机、随机应变。这段话的意思是：功业难成又容易失败，时机难得又容易失去，现在机不可失时不再来。韩信犹豫不决，不忍心背叛汉王，又自认为功劳多，汉王不会夺去自己的齐国，于是谢了蒯通，最后没有采用蒯通的计谋，自取灭亡。

14. 俟得其实，然后应物而作。(《宋史·苏轼列传》)

元祐八年（1093），宣仁太后去世，哲宗亲政之后就准备大干一番事业，尤其想迅速改变当时下情不能上达、舆论堵塞的现状。于是苏轼上书劝谏哲宗要暗中观察、了解事情，再随机应变。苏轼说，古代的圣人们将有作为的时候，必然先在暗处观察，就能看到万般事物的全貌。陛下年轻有为，暂时要忍耐，暗自观察各种事物的利与害，了解身边大臣的邪与正，以三年为期限，等获得实际情况，然后顺应事物变化而采取行动，要使有了作为后，天下没有怨恨，陛下也无后悔。

15. 人无贵贱，苟中事机，皆可以成功。(《金史·术虎高琪列传》)

兴定元年（1217）十月集贤院咨议官吕鉴上书劝说宣帝与宋议和。大致的意思是：人不论贵贱，如果能抓住事情的关键时机，都可以成功。

16.《氾胜之书》曰：凡耕之本，在于趣时，和土，务粪泽，早锄早获。(《齐民要术·耕田》)

这段话是强调农耕的重点就是要抓住时机。大致意思是，《氾胜之书》说：耕种的基本要点，在于赶上合宜的时令，用水、肥料和土，及早锄地，及早收割。

17. 得时之和，适地之宜，田虽薄恶，收可亩十石。(《齐民要术·耕田》)

这段话强调只要合乎时令，耕种就能有收获。意思是，只要抓住时机，根据土地实际情况耕种，尽管是瘦田,一亩也还可以收到十石。

18. 白圭曰:"趣时若猛兽鸷鸟之发;故曰'吾治生,犹伊尹、吕尚之谋,孙、吴用兵,商鞅行法'是也。"(《齐民要术·货殖》)

这段话白圭表达了要善于捕捉时机发展生产。意思是,白圭说:"争取时间,要像猛兽猛禽捕捉食物时一样迅速坚定;所以说'我经营生产,正像伊尹、吕尚的设计,孙膑、吴起的用兵,商鞅的行法一样'迅速坚定。"

19. 然后制四时之禁:山不敢伐材下木,泽人不敢灰僇,缳网罝罦不敢出于门,罛罟不敢入于渊,泽非舟虞不敢缘名,为害其时也。(《吕氏春秋·士容论》)

这段话说明农业生产要讲究时令。意思是,要制定各个季节的禁令:不到适当的季节,山中不得伐木取材,水泽地区不得烧灰割草,捕捞鸟兽的罗网不得带出门,渔网不得下水,不是主管舟船的官员不得借口行船,因为这些都妨害农时。

20. 夫地势,水东流,人必事焉,然后水潦得谷行。禾稼春生,人必加功焉,故五谷得遂长。听其自流,待其自生,则鲧、禹之功不立,而后稷之智不用。(《淮南

子·修务训》）

禹决江疏河，以为天下兴利，而不能使水西流；稷辟土垦草，以为百姓力农，然不能使禾冬生。岂其人事不至哉？其势不可也。……是故人君者，上因天时，下尽地利，中用人力。是以群生遂长，五谷蕃植。（《淮南子·主术训》）

这段话详细地论述了时势不可更改的道理，因此要因势而行、因势利导。意思是：水依着西高东低的地势向东流，但这必须要经过人对江河的治理疏导，才能使水顺着河道向东奔流；禾苗庄稼在春季生长发育，但必须要人加以耕耘管理，五谷才会生长。假若听任水自流，待苗自长，那么鲧、禹的功绩也就无从建立，后稷的智慧也就无用。大禹疏通河道，以为天下人兴利，但也不能使水向西流去；后稷辟土垦草，以为百姓发展农业，但也不能使禾苗在冬天生长。难道是因为人力不够么？是因为其时势不可更改。……因此人君上要遵循天时，下要因地制宜，中间用好人力。这样才会各种生物都得到生长，五谷丰登。

21. **阴阳拘忌，朕所不行。若动静必依阴阳，不顾理义，欲求福祐，其可得乎？若所行皆遵正道，自然常与吉会。且吉凶在人，岂假阴阳拘忌？农时甚要，不可暂失。**（《贞观政要·务农》）

这段话是唐太宗在谈及农耕之事时说的话，主要表示要顺应农时，为了不误农时，宁愿改革旧法。按照阴阳家推算，皇太子的加冠礼要在二月举行才吉祥，但唐太宗为了不影响百姓春耕，想要革除这种迷信。这段话的意思是：阴阳讲究禁忌，我从不信那一套。如果一举一动都必须依照阴阳家的话去办，不顾天理道义，而想求得福佑吉祥，怎么可能呢？如果所做的都遵照正道，自然会万事吉祥。并且，吉凶取决于人，怎能听信阴阳禁忌呢？农时很要紧，不能耽误片刻。

22. 顺天地之纪，幽明之占，死生之说，存亡之难。时播百谷草木，淳化鸟兽虫蛾，旁罗日月星辰水波土石金玉，劳勤心力耳目，节用水火材物。有土德之瑞，故号黄帝。（《史记·五帝本纪》）

这段话是说黄帝顺应天地之时律，创造中华文明。意思是：黄帝顺应天地的规律，推测阴阳的变化，按照季节播种百谷草木，驯养鸟兽虫豸，测定日月星辰以定历法，收取土石金玉以供民用，而自己的身心耳目却饱受辛劳。这是中华民族之祖先黄帝带领子民创新发展之初始。

23. 夫陆行宜车，水行宜舟，反之则不能行；幽燕食寒，蜀汉食热，反之则必有变。（《元史·许衡列传》）

这是许衡劝说元世祖应该因势利导、因时而变、实行汉制时说的话。意思是：在陆地上行走应该用车，在水上行走应该用船，反过来便不能行走了。幽燕之地吃冷一点的食物，蜀汉之地吃热一点的食物，如果相反，就会发生变故。

24. 自古帝王凡有兴造，必须贵顺物情。昔大禹凿九山，通九江，用人力极广，而无怨讟者，物情所欲，而众所共有故也。秦始皇营建宫室，而人多谤议者，为徇其私欲，不与众共故也。（《贞观政要·俭约》）

这段话是说做大事，都必须顺应物情。意思是：自古帝王凡是有兴土木的大事，必须贵顺物情。当初大禹凿九山，通九江，用的人力极多，而没有抱怨的人，顺应了当时民众的需要，众人能享受建设成果。秦始皇营建宫室，但人民非常反对，这是因为他为了满足其一己之私欲的缘故。

25. 故圣人之为国也，观俗立法则治，察国事本则宜。不观时俗，不察国本，则其法立而民乱，事剧而功寡。（《商君书·算地》）

这段话是表示治理国家要实事求是，观察民情，因时而变，适时制定法律制度。意思是：有能力的人治理国家，考察国家历史、民风民俗，然后制定法律法规，这样治理起来就畅顺，国家就太平。而不考察世俗，不观察国家本来面貌,即便有立法老百姓也会生乱,即使做了很多事也是徒劳而无功。

26. 盖明者远见于未萌,而知者避危于无形,祸固多藏于隐微而发于人之所忽者也。故鄙谚曰:家累千金,坐不垂堂。(《资治通鉴·汉纪九》)

这段话是司马相如劝谏汉武帝时说的。汉武帝年少轻狂,经常夜间出猎,又建造上林苑,司马相如进行劝谏,汉武帝称善,但仍然我行我素。这段话的意思是:大概聪明的人能预见到尚未萌芽的问题,有智慧的人能提前避开还没有完全形成的灾祸,灾祸本来大多隐藏在不易被察觉的细微之处,而发生在容易被人忽略的环节上。所以俗话说:家中积累有千金的家产,就不能坐在堂屋的边缘。

第三节 创新发展，以民为本

1. 皇祖有训：民可近，不可下。民惟邦本，本固邦宁。(《尚书·五子之歌》)

《五子之歌》记载着这样一个故事：帝禹的孙子，也就是启的儿子太康，虽然身居尊位却不理朝政，特别喜欢游乐打猎，放纵自己的情欲没有节制，丧失德性，结果百姓对他怨声载道，而他还不知道反省。他到洛水之南去打猎，打了一百多天还不回京都。这时，有穷国的国君后羿，趁着国民怨声载道的时候，把太康拦在了黄河岸边，不让他回国。太康的五个弟弟也侍奉着母亲随从打猎，在洛水和黄河的交界处被拦住之后，弟弟们就埋怨太康荒淫无度，才导致了今天的困境。他们五个人叙述大禹的教导分别作了一首诗歌来劝诫太康，这就是历史上著名的《五子之歌》。这段话是第一个弟弟说的，也成为中国古代民本思想的代表。意思是，伟大的祖先曾有明训：人民可以亲近而不可看轻。人民是国家的根本，根本牢固，国家就安宁。

2. 邾子曰：苟利于民，孤之利也。天生民而树之君，以利之也。民既利矣，孤必与焉。（《春秋左传·文公十三年》）

邾文公，以德政著称，是邾国比较有作为的国君之一，他执政时间长达五十二年之久。邾文公所处的时代，正是我国历史上奴隶制衰败的时期，是封建制确立的前夜。当时，大国争霸，战争频繁。势单力薄的邾国夹在齐、楚、宋、鲁之间，经常受战争威胁，尤其受鲁国的威胁更大，随时都有覆灭的危险。邾文公晚年，健康状况也欠佳，但迁都也成为邾国存亡攸关的大事。于是"邾文公卜迁于绎"。邾文公为了迁都到绎地，占了卦问吉凶。史官说："对百姓有利而对国不利。"邾文公说："如果对百姓有利，也就是我的利益。上天生育了百姓，然后为他们设置君主，就是用来给他们利益的。百姓得到利益，我也必然有份了。"于是就迁都到峄山之阳。迁都后不久，邾文公就死了。

3. 天聪明，自我民聪明。天明畏，自我民明威。达于上下，敬哉有土！（《尚书·皋陶谟》）

《尚书·皋陶谟》与《尧典》及中国经学初兴之际两大鸿篇巨制，堪称政治哲学与制度设计的思想双璧，具有永不磨灭的理论转化价值与历久弥新的实践创新意义。《皋陶谟》则集中论述了在"选贤与能"及"君主禅让"前提下所当具有的君臣关系以及国家政府的天赋职能。文章可分为三部分：第一部分，写皋陶论述修身、知人、安民的重要；第二部分，写皋陶进一步论述知人之道；第三部分，写皋陶进一步论述安民之法。该文章所论述的是治国方略，突出了九德和五典的作用。"皋陶"，舜帝的大臣，掌管刑法狱讼。"谟"，即谋。皋陶与禹处在尧舜时代，二人共辅舜政，是舜的两位得力助手，这段话的大意是：上天的视听依从臣民的视听。上天的赏罚依从臣民的赏罚。天意和民意是相通的，要谨慎啊，有国土的君王！

4. 盖天下之治乱，不在一姓之兴亡，而在万民之忧乐。（《明夷待访录·原臣》）

这段话出自黄宗羲的《原臣》，本篇论述大臣的职责。臣与君虽有地位与权责的区别，但同为政治权力的执行者，两者并没有根本的差别。迄及后世，君主既以天下为私产，大臣自然也就成为天子的私奴，造成了君骄臣谄的不良局面。作者从君臣关系角度对臣的职责和意义进行了重新定位，强调臣的真正义务在于与君主共同管理天下，而非侍奉君王一家一姓。大意是，天下治乱不在于看一家一姓的兴亡，而在于天下民众安乐与否。

5. 天下之务莫大于恤民，而恤民之本，在人君正心术以立纪纲。（《宋史·朱熹列传》）

淳熙六年（1179），天下大旱，皇帝诏令监司、州官陈述民间利弊，于是朱熹上疏孝宗说了这段话。意思是：天下最大最重要的事是体恤百姓，而体恤百姓最根本的在于，皇帝公正，树立法规，讲礼仪，阻断一切邪门歪道。天下的法纪政纲不会自行建立，必须依靠皇帝公平正大，没有偏私，对天下一视同仁，才能立起令人信服的纲纪。为此皇帝要亲贤臣、远小人。可今天的宰相、御史和三省、谏官等都没有尽到自己的职责，皇帝亲近的人都是一些奸诈的小人，巨大的灾祸，近在早晚，可皇帝陛下却还不知道。孝宗读了奏章，勃然大怒。

6. 天地之大，黎元为本。（《晋书·宣帝纪》）

这段话出自《晋宣帝总论》，《晋宣帝总论》是唐太宗李世民为《晋书·宣帝纪》（晋宣帝即司马懿）所作的史论，指出了司马懿在性格、军事、政治等方面的矛盾及特点。在总论开始，唐太宗即提出了"天地之大，黎元为本；邦国之贵，元首为先"的观点。意思是说，天地广大无所不包，只有百姓才是国家的根本；国家尊贵无比，君主首占其先。

7. 以天下之目视，则无不见也；以天下之耳听，则无不闻也；以天下之心虑，则无不知也。（《管子·九守》）

此篇有九目，故曰《九守》。大意是：君王如果能用全局的眼光去观看天下，就不会有什么看不见；如果用全局的听觉去听，就不会有什么听不到；如果用全局之心去思考，就不会有什么不知道。君王应该以天下黎民百姓为大。

8. 毋与天下争利，示以俭节，然后教化可兴。（《资治通鉴·汉纪十五》）

汉昭帝刘弗陵（汉武帝刘彻的幼子）下令命有关官员向各郡国举荐贤良、文学，询问、了解民间疾苦和教化民众的要点，官员们于是都建议取消盐、铁、酒类的专卖制度，罢黜均输官，不要与天下人争利，向民众示范节俭的行为，然后才可以振兴教化。

9. 善为川者决之使道，善为民者宣之使言。（《资治通鉴·汉纪二十五》）

这是待诏贾让上奏汉成帝关于疏通河道的奏疏。他说，河不应该修堤防，以免限制河床，让众多小溪可以流入大河。大地上有河川，就像人有口一样，用土石去阻塞，就像不让人说话，人的死期也就到了。于是他说：懂得水利的人，会开决堤防，疏导水势；懂得治理天下的人，会开导人民，使他们畅所欲言。这句话一语双关，既是修理河渠的具体策议，又是劝谏汉成帝疏通言论、下情上达的政论。

10. 四海利病，系斯民之休戚，斯民休戚，系守令之贤否。(《宋史·朱熹列传》)

这是朱熹以生病为由辞谢官职之后，向孝宗上的密奏里说的话。孝宗即位，下诏要求百官直言朝政得失，朱熹于是上奏痛斥官员的贪腐，主张任用为百姓谋福利的官员。朱熹上奏说：全国的利害，在于百姓的快乐与忧虑，百姓的忧乐，在于地方官员是否贤明。

11. 民言合而听之则胜，亦不可不畏也。(《宋史·王安石列传》)

这是神宗告诫王安石的话。意思是：听取百姓的各种意见就能取得成功，百姓的意见不能不畏惧。王安石不顾民情，极力主张大刀阔斧进行新法改革。熙宁四年（1071），京东路、河北发生暴风的异常现象，百姓十分惶恐。神宗批示不再变法以应付天变，可是王安石却扣住皇帝诏令不下达。当时还有开封百姓为了逃避王安石变法带来的沉重税赋，有截掉自己手指、砍断自己手腕的人。知府韩维报告朝廷，神宗问王安石相关情况，王安石却表示自己不知道这些情况，并说，就是有这些情况也不足为怪，任何新政的实施总会受到质疑、引起热议，怎能因为这些人就不敢有所作为呢？于是宋神宗语重心长地对王安石说了上面这段话。

12. 因民所利更法立制，无虑数十百条。(《金史·张暐列传》)

这是金朝官吏张暐对章宗所说的话。大意是：朝廷为了方便百姓而改变、制定的法律规章制度，有数十上百条。张暐正隆五年（1160）考中进士，调为陈州主簿、淄州酒税副使，后又迁升为昌乐县令，补为尚书省令史，授为太常博士，兼任国子监助教。他常常上奏劝谏章宗皇帝。有一次有位官员上书提议罢除提刑司，于是张暐上疏阻止。张暐认为，提刑司的设立，是政事中的大事，若为浅薄的议论所动摇，在朝廷内外就无法取得信任，提刑的任务，实在不可罢除，选择启用恰当的人，才是生民百姓的大利，国家的长远之策。

13. 天子以天下为家，兆民为子，国不足，取于民，

民不足，取于国，相须如鱼水。有国家者，置府库，设仓廪，亦为助民；民有身者，营产业，辟田野，亦为资国用也。(《元史·刘秉忠列传》)

这是元初重臣刘秉忠对元世祖忽必烈说的话，主要论述了国与民之间的鱼水关系。大意是：天子以天下为家，以黎民百姓为子。国家经费不足，取之于民，百姓不足，则向国家索取，国家和百姓互相需要，是一种鱼水关系。皇帝设置府库和仓廪，是为了帮助百姓；百姓经营产业，开辟土地，也对国家增收有益。

14. 下令如流水之原，令顺民心。故论卑而易行。俗之所欲，因而予之；俗之所否，因而去之。(《史记·管晏列传》)

管仲在齐国做宰相时，为了大力推行改革、使齐国富国强兵，管仲说了这段话，强调改革的核心就是要使百姓富裕起来，所谓"仓廪实而知礼节，衣食足而知荣辱"。意思是：国家颁布的政令像流水的源头一样畅通无阻，是因为它能顺应民心。因为道理浅显，容易实行。百姓所要求的，就顺应他们的愿望提供给他们，百姓所反对的，就顺应他们的愿望抛弃它。

**15. 因万物之思化，以百姓而为心。体大仪之潜运，阅往古于来今。尽为善于乙夜，惜勤劳于寸阴。故能释

层冰于瀚海，变寒谷于蹛林。总人灵以胥悦，极穹壤而怀音。(《贞观政要·规谏太子》)

这是太子右庶子李百药规劝太子的一段话，主要强调太子要始终把生民之生死放在心里，不要违背治理天下的规律。贞观五年（631），李百药为太子右庶子。当时太子承乾对三坟五典这些古代典籍颇为留心，可是闲饮宴乐之后，游乐嬉戏稍微过分。于是李百药作《赞道赋》来进行讽谏规劝。这段话的大致意思是，应遵循治理天下的规律，把老百姓放在自己心中。体会天下暗藏的变化规律，细细地研读古往今来的历史。尽量为天下多做好事，珍惜分分秒秒的光阴。这样才能融化浩瀚海洋中的坚冰，将阴冷的山谷变成祭祀的秋林。让生灵万民欢悦，让天地都沐浴人君的恩宠。

16. 凡事皆须务本。国以人为本，人以衣食为本，凡营衣食，以不失时为本。夫不失时者，在人君简静乃可致耳。若兵戈屡动，土木不息，而欲不夺农时，其可得乎？(《贞观政要·务农》)

这是贞观二年（628）唐太宗对身边大臣说的一段话，强调做任何事情都要务本，作为君王，就是要以黎民百姓为本，为此就要不无故制造战争，不大搞土木工程，要休养生息。意思是：任何事情都必须掌握根本。国家以人民为根本，人民以衣食为根本，经营农桑衣食，以不失时机为根本。要不失时机，只有君主不生事劳民才能做到。假若连年打仗，营建不停，而又想不占用农时，能办得到吗？

17. 国以民为本，人以食为命。若禾黍不登，则兆庶非国家所有。既属丰稔若斯，朕为亿兆人父母，唯欲躬务俭约，必不辄为奢侈。（《贞观政要·务农》）

贞观十六年（642），因为谷价很贱而严重损害了百姓的利益，唐太宗便对身边大臣说了这段话，主要表达的是君臣都要重视节俭、以民为本的思想。意思是：国家以百姓为本，百姓又以粮食为生命，既然粮食对国计民生关系如此重大，我又是百姓的衣食父母，只希望能够克勤克俭，不奢侈浮华，造福于民。

18. 桓公曰："然则吾何以为国？"管子对曰："唯官山海为可耳。"桓公曰："何谓官山海？"管子对曰："海王之国，谨正盐策。"桓公曰："何谓正盐策？"管子对曰："……终月，大男食盐五升少半，大女食盐三升少半，吾子食盐二升少半，此其大历也。……"（《管子·海王》）

未见山铁之利而内败矣。故善者不如与民，量其重，计其赢，民得其七，君得其三。有杂之以轻重，守之以高下。若此，则民疾作而为上虏矣。（《管子·轻重乙》）

上面文字是中国历史上以民为本而改革变法的典型

事件。齐国管仲推行官山海的盐铁专卖制度，改革之前，食盐都是私人买卖，造成质量不稳定和价格不稳定，物价经常会发生很大的变化，"官山海"则是实施食盐和铁器的国家专卖。食盐依然由民间生产，但是国家统购统销，禁止私盐买卖，同时对国民实行食盐配给制，这就是著名的正盐策。铁政和盐政基本上相同，都由国家实行专营，国家得到比较丰厚的财政收入，而老百姓生活必需品的供应也得到保障。在管仲的改革措施下，齐国迅速发展，民富国强，齐桓公也正是因为管仲的举措，终成九合诸侯的春秋五霸之首。这段话的意思是，桓公说："那么，我用什么来管理国家呢？"管仲回答说："只有专营山海资源才是可行的。"桓公说："什么叫专营山海资源？"管仲回答说："靠大海资源成王业的国家，要注意征税于盐的政策。"桓公说："什么叫征税于盐的政策？"管仲回答说："……一个月，成年男子吃盐近五升半，成年女子近三升半，小男小女近二升半。这是大概数字。……"开山冶铁未见其利，而国家反遭"内败"了。所以，良好的办法不如交给民间经营，算好它的产值，计算它的赢利，由百姓分利七成，君主分利三成。国君再把轻重之术运用在这个过程，用价格政策加以掌握。这样，百姓就会努力劳动而服务于国家。

19. 太史公曰："夏之政忠。忠之敝，小人以野，故殷人承之以敬。敬之敝，小人以鬼，故周人承之以文。

文之敝，小人以僿，故救僿莫若以忠。三王之道若循环，终而复始。周秦之间，可谓文敝矣。秦政不改，反酷刑法，岂不缪乎？故汉兴，承敝易变，使人不倦，得天统矣。朝以十月。车服黄屋左纛，葬长陵。"(《史记·高祖本纪》)

这段话是司马迁在《高祖本纪》部分最后的评论，其主要的宗旨就是强调治理国家要以民为本，因时而变、因势而化。大致意思是：太史公说，夏朝的政治质朴厚道。质朴厚道的弊端在于使细民百姓粗野少礼，所以殷朝的人用恭敬而讲究礼仪来承替它。恭敬讲礼仪的弊病在于使百姓沉迷于迷信鬼神，所以周朝人用讲究尊卑等级来替代它。讲究尊卑等级的弊病在于使百姓不能以诚相见，所以补救不能以诚相见的办法没有比以质朴厚道为政更好的了。夏商周三王的治国法则就是这样循环往复。周秦之间，讲究尊卑礼仪的弊端都暴露无遗了。而秦始皇却不思改变，反而利用残酷刑法，这难道不是荒谬么？所以汉朝兴起，面对过去的弊病，改变了治国法则，不再使百姓陷入困境，这是承继天道之规律的表现。

第七章

求真务实、开拓创新的学术观

中国自古以来就有求真务实、开拓创新的学术思想传统。中华民族优秀传统文化的灵魂就是求真务实、开拓创新。求真指的是寻求、探索真理,用真理指导行动、造福人类、推动社会的进步与发展;务实指的是寻求与现实生活实践的互动。我国古代思想家十分重视实践与认识之间的关系,讲究利用厚生与经世致用。汉代思想家王充在《论衡》中曾经说过:"知屋漏者在宇下,知政失者在草野。"汉朝时期的刘德是求真务实、开拓创新的古代知识分子典范,刘德非常喜好儒学,衣着服饰、言行举止都仿效儒生，他将其毕生精力投入到了对中国文化古籍的收集与整理之中，为了收集书籍，刘德的足迹遍布洛阳、山东、河北等地。刘德求真务实的治学作风受到知识分子的追捧，班固在《汉书》中专门为之立传，其传首就评价刘德治学"实事求是"。求真务实是学术思想开拓创新的前提，创新思维的形成在于知真情、说实话。中国传统哲学思想发展已有三千多年的历史，先后经历了先秦子学、两汉经学、魏晋玄学、隋唐佛学、宋明理学等创新性学术发展阶段，产生了儒、释、道、墨、名、法、阴阳、农、杂、兵等各家学说，形成了厚德载物、明德弘道的精神追求，以及实事求是、知行合一、开拓创新的哲学思想。这些哲学思想为古人认识世界、改造世界提供了重要依据，也为中华文明发展奠定了哲学基础，为人类文明发展作出了重大贡献。

第一节　通古今之变化，求真务实

1. 究天人之际，通古今之变，成一家之言。（《史记·太史公自序》）

《史记》是中国历史上第一部纪传体通史。司马迁在《太史公自序》中用这一句简短的话，高度概括了自己修史的宗旨，这也是中国古代知识分子共同的学术责任和担当。司马迁在历史叙述中既坚持秉笔直书的客观精神，如实记叙了黄帝到汉武帝时期三千年朝代兴亡的历史事迹，又体现着鲜明的主体意识，使《史记》成为汉武帝时期思想界儒学天命化、王道神学化特征的重要实证。承载着其父亲司马谈的嘱托，背负着宫刑的屈辱，司马迁以孔子的《春秋》为榜样撰写《史记》，力图在古今之变的描写中寓含褒贬，总结"成败兴坏之理"，揭示仁政是符合天意、得到神佑的"王道"，使"通古今之变"与"究天人之际"达到了完美结合。这段话的意思是：探求天道与人事之间的关系，贯通古往今来变化的脉络，成就独此一家之言说。

2. 修学好古，实事求是。（《汉书·河间献王刘德列传》）

这是东汉著名历史学家班固对汉景帝的儿子刘德实事求是、严谨治学态度的高度评价。意思是研究学问，钻研古典务必得到事实、依据事实，从中得出真义。

3. 振叶以寻根，观澜而索源。（《文心雕龙·序志》）

《文心雕龙》是中国南朝文学理论家刘勰创作的一部理论系统、结构严密、论述细致的文学理论专著。以孔子美学思想为基础，兼采道家，认为道是文学的本源，圣人是文人学习的楷模，经书是文章的典范。把作家创作个性的形成归结为才、气、学、习四个方面。对学术思想提出了求真务实、开拓创新的全面性要求。这段话的大致意思是：摇晃树木，就可以见到叶落归根，看到水流的波澜，就追溯起它的源头来。表达做学问需要寻根究底、探本求源。

4. 及其品列成文，有同乎旧谈者，非雷同也，势自不可异也；有异乎前论者，非苟异也，理自不可同也。同之与异，不屑古今，擘肌分理，唯务折衷。（《文心雕龙·序志》）

刘勰主张作文应该在通古今之变化的基础上求真务实、实事求是，不介意所言是古人还是今人，只要符合研究对象本身，就可以达到创作的目的。这段话的大致意思是：在论文之中，有些和前人的说法差不多，并不是有意随声附和，而是事理本身不可能有别的说法；有些和前人的说法不同，这也不是随便提出异说，因为按照道理是无法赞同旧说的。所以，无论与前人相同或不同，并不在于这些说法是古人的还是今人的，主要是通过具体分析，力求对研究对象全面、客观、深入地认识，从细致深入的剖析中去发现关于事物的规律和知识。

5. 爰自风姓，暨于孔氏，玄圣创典，素王述训：莫不原道心以敷章，研神理而设教，取象乎河洛，问数乎蓍龟，观天文以极变，察人文以成化；然后能经纬区宇，弥纶彝宪，发辉事业，彪炳辞义。（《文心雕龙·原道》）

刘勰论证学术思想的创作要秉承自然之道，实事求是地钻研，刻苦地观察与学习，才能获得新的知识，古代圣人创作的帝王之学尤其如此。这段话的大致意思是：从伏羲到孔子，从前人开创到后人继承发挥，都是根据自然之道的精神来进行创作，通过钻研精深的道理来设置教化从事教育。他们效法《河图》《洛书》，用蓍草和龟壳来占卜问谒事物未来的变化，观察天文以穷究各种变化，学习过去的典籍来完成教化，然后才能治理天下，制定出恒久的根本大法，从而发挥光大圣人的事业。

6. 至根柢槃深，枝叶峻茂，辞约而旨丰，事近而喻远，是以往者虽旧，余味日新，后进追取而非晚，前修文用而未先，可谓泰山遍雨，河润千里者也。(《文心雕龙·宗经》)

《文心雕龙·宗经》主要是概述诸经的基本情况及其教育作用，介绍五经写作的基本特点及其成就，说明必须宗经的原因。从经书和后代各种作品的关系看，刘勰认为各种文体都起源于经书，文章能够宗经，就会有六种好处，否则就会出现楚汉以后的文章创作过分追求形式的流弊。这段话的大致意思是：经书和树一样根柢盘结深固，枝长叶茂，言辞简约而包含的意义丰富，取事平凡而喻理远大。所以虽然这些著作历时久远，但意义却日日新颖，值得后世去追求探取。后面两句是用一种比拟的手法比喻经书对后世学人创作的巨大示范作用。

7. 故文能宗经，体有六义：一则情深而不诡，二则风清而不杂，三则事信而不诞，四则义直而不回，五则体约而不芜，六则文丽而不淫。(《文心雕龙·宗经》)

这段是继前面鼓励后世学人要学习经书创作手法后，又提出学习经书的六个好处。这段话的大致意思是，如果作文章能够学习"五经"，这样的文章就具有六种特点：一是思想感情深挚而不诡谲，二是文风纯正而不杂乱，三是叙事真实可信而不虚诞，四是义理正直而不歪曲，五是文体简约而不繁杂，六是文辞华丽而不过分。

8. 名必有实，事必有功。(《申鉴·俗嫌》)

这段话是荀悦说的，主要是强调后世学人做任何事情都要遵循求真务实的精神追求，不能追求不符之名、贪无事之功。这段话的大致意思是：名声必须有事实与之相配，做事情必须有结果来证实。

9. 名非天造，必从其实。(《思问录·外篇》)

这句话是王夫之说的，表示事物的名称不能凭空捏造，必须遵循实事求是的原则。王夫之认为："天无度，人以太阳一日所行之舍为之度。天无次，人以月建之域为之次。非天所有，名因人立；名非天造，必从其实。"意思是，所有的概念、知识、道理并不是自然界本身就拥有的，其名称是因为人的需要而确立的；但因人的需要而确立的名称、概念、知识、道理，也不是人凭空捏造的，是依据自然运行之实并从人的客观实践中总结出来的。

10. 知之为知之，不知为不知，是知也。(《论语·为政》)

这是强调学者做学问态度要端正，也指做人要诚实，知道就知道，不知道就不知道，这才是真正的有智慧。实事求是、求真务实是思想学术创新发展的前提条件。实事求是、诚恳严谨，不仅会使学术界少了许多的伪命题、伪学问，还会少了许多纷争，学术诚实比名利之成功更重要。

11. 古人学问无遗力，少壮工夫老始成。纸上得来终觉浅，绝知此事要躬行。(《冬夜读书示子聿》)

《冬夜读书示子聿》是由南宋诗人陆游晚年所写的一首七言绝句，诗人在一个冬日寒冷的夜晚，沉醉于书房，乐此不疲地啃读诗书。窗外，北风呼啸，冷气逼人，诗人在静寂的夜里，抑制不住心头奔腾踊跃的情感，写下了这首哲理诗，并满怀深情地送给了儿子子聿。这首诗饱含了诗人深邃的教育理念，寄托了诗人对儿子读书做学问要诚恳努力、躬行实践、求真务实的殷切期待。这首诗的大致意思是：古人做学问是不遗余力的，往往要为之奋斗终生，从书本上得到的知识终归是表面的、浅薄的，要真正理解书中的深刻道理，必须亲身去躬行实践，从而验证真理。

12. 行必核其真，然后贵之；言必核其真，然后信之；物必核其真，然后用之；事必核其真，然后修之。故众正积于上，万事实于下，先王之道，如斯而已矣！
(《资治通鉴·汉纪二十一》)

这段话是司马光在评论西汉汉元帝刘奭时期的奸臣石显时，借用荀悦的话来表达其思想。西汉汉元帝刘奭时期奸臣石显的权威日益隆盛，石显自知专权，一手遮天，深恐汉元帝一旦听信左右耳目的挑拨而失宠，于是找机会表忠诚，设局做了一件表示忠心的事给汉元帝看。石显认为谏大夫贡禹经学通达，名节显著，于是托人向贡禹表达他的敬慕，并和贡禹密切交往，又向天子举荐，使贡禹升到九卿的职位，因此舆论便转向称颂石显。司马光说石显善于谋略变诈，为自己解困，取得汉元帝的信任。所以借用荀悦的话对这件事作了评价，总体就是要求名副其实、求真务实、实事求是。这段话的意思是：对任何人的行为都必须检验其真伪，然后才能给他好的评价；对于任何人的言论，要经过核实是真是假，而后才能给予信任；器物要核实精确，然后才可以使用；事务要经过核实，然后才去实施。所以大众公正廉明，在上位的人做出表率，在下位的臣子要实干真干。古代圣王施政的道理，不过如此罢了。

13. 博观而约取，厚积而薄发。(《稼说送张琥》)

《稼说送张琥》是北宋文学家苏轼创作的一篇杂说，

这篇杂说作于北宋熙宁九年（1076）末，作者苏轼正在京都任职，时逢进士张琥归家之前来看望苏轼，作者有感于当时士大夫中滋长着急功近利、浅薄轻率的风气，因而特地写了这篇短文送给张琥，并愿与之共勉。全文以种庄稼开篇，以穷富两种人的耕种环境、耕种方法以及收获成果作比，为下文的治学之道做了铺垫。下文则着重阐释了治学与种庄稼的联系，进而揭示文章的主旨：种庄稼要等到成熟才能收割；学习要博观而约取，厚积而薄发。意思是：治学之道，在于多读多学多看，博览群书，积累丰厚，然后精当地表达。

14. 以迈往之气，行正大之言。（《乐全先生文集叙》）

这段话是苏轼赞扬他的老师张安道治学为人求真务实的优秀品质。张安道凭借一往无前的气概，常常发表正直高尚的言论，他说：被任用就尽力去做，被抛弃不用就归隐。张公对上不追求符合皇帝的心意，对下不追求符合士大夫的心意，然而说到天下的伟人，人们就一定推张公为第一人。张公尽量展其本性，顺应天命，本其自然，也不是想凭借文章显名于世，然而从庆历以来直到元丰年间的四十余年，他和皇帝议论天下大事，体现在奏章中的就有很多。有时候被采纳，有时候不被采纳，但他的议论都是从礼义出发，合乎人情，判断是非都用前人的事实作依据，他立论所言及的得失都被后人

——验证了。这才是做学问的最高境界。

15. 名之与实，犹形之与影也。德艺周厚，则名必善焉；容色姝丽，则影必美焉。（《名实篇》）

这段话出自南北朝至隋朝年间中国古代文学家、教育家颜之推的《名实篇》，文章针对当时社会存在的名不符实的现象，主张名实统一，名副其实，实定则名定。在此基础上，颜之推提出其名教观，劝人修身立名。大致的意思是：名与实的关系，好像形体与影子的关系。德才兼备的人，必有好的名声；容貌秀丽的人，必有美丽的身影。现在有些人不注重修身养性，却企求在世上有好名声，这好比相貌丑陋，却要求有漂亮的形象出现在镜中一样。上德之人忘记名声，中德之人努力树立名声，下德之人窃取名声。忘掉名声的人，体悟到事物的道理，言行符合道德规范，因而会受到鬼神的赐福和保佑，他们的言行不是去求取名声；树立名声的人，修养品德，谨言慎行，担心不能显扬个人的荣誉，他们对名声是不会谦让的；窃取名声的人，貌似忠厚，却心怀奸诈，追求浮华的虚名，他们是不会得到真正的好名声的。

16. 辨正然否，穷于有数，追于无形，迹坚求通，钩深取极。（《文心雕龙·论说》）

《论说》是《文心雕龙》的第十八篇，该篇集中对论与说两种文体进行阐述，内容相当丰富，是我国文学理论史上最早的一篇研究论说文的专论，强调要深入探究事物的本质，力图求真务实。这段话的大致意思是：文章是用来明辨是非的，它深入穷极地研究具体的事物，追根寻底地探讨无形的、抽象的问题。要攻破困难求得贯通，要深入探索取得最后的结论。

17. 造怀指事，不求纤密之巧；驱辞逐貌，唯取昭晰之能。(《文心雕龙·明诗》)

《明诗》是《文心雕龙》的第六篇，是刘勰文体论方面的重要篇章之一。刘勰总结四言诗和五言诗要讲究的关键在于"雅润""清丽"四字，即要简洁并清楚明白。这段话的意思是：五言和四言诗在述怀叙事上，绝不追求细密的技巧；在遣辞写景上，只以清楚明白为贵。

18. 良剑期乎断，不期乎镆铘；良马期乎千里，不期乎骥骜。(《吕氏春秋·察今》)

《察今》是战国时期吕不韦组织属下门客们创作的一篇散文。阐述了应当明察当今形势，因时变法，不宜拘泥古法的道理。以发展的观点向秦国的统治者说明，法令制度的制定应从当时的社会实际出发，并随着客观形势的变化而与时俱进。这段话的意思是：好剑要的是锋利，不必是镆铘的名称；好马要的是能行千里，而不是骥骜的名称。要讲究名副其实。

19. 读经而已，则不足以知经。故某自百家诸子之书，至于《难经》、《素问》、《本草》、诸小说，无所不读；农夫女工，无所不问，然后于经为能知其大体而无疑。(《临川先生文集·答曾子固书》)

本段出自王安石的《答曾子固书》。曾子固，即曾巩。曾巩的政治思想相对比较保守，对王安石的新法有所非议。在这篇文章中，王安石就读经等问题，反驳了曾子固对自己的指责，谈了自己的治学态度。作者并不急于反驳曾子固对自己的批评，而是宕开一笔，阐述自己的治学之道。首先作者提出自己"自百家诸子之书，至于《难经》、《素问》、《本草》、诸小说无所不读"，"农夫女工，无所不问"的治学之道，表达了作者对当时社会上死读经典的思潮和只凭主观臆想不注重调查研究的治学之风的批判。这段话的大致意思是：就经典读经典，则不足以读懂、读通经典。因此我从诸子百家书，到《难经》《素问》《本草》等杂书，无所不读；农夫女工，无所不问，然后才懂得经之大体。

20. 大约学问之道，当观其会通，知今不知古，俗儒之陋也；知古不知今，迂儒之癖也；心存稽古，用乃随时，并行而不相悖，是谓通儒。(《十七史商榷·唐以

前音学诸书》）

《十七史商榷》是清代王鸣盛编写的一部史考类史书。王鸣盛强调治学之道在于会通古今、知时应变，他非常注重"古""今"历史的相互联系，尖锐地批评治史"不通古今"之弊，切中了某些佞古积癖学者的痼疾，他以"好古"著称，但却并不"泥古"。他认为："古可好，不可泥也……圣人亦不能背时而复古。"强调古今有短长，时代有差异，不必事事师古，展示了在"博古"与"知时"上的理性认识。这段话的大概意思是：读周汉以前的书，要用古音读才读得通，读晋唐以后的书，要用今音读才读得通。做学问之道，应当会通古今，知今不知古，这是俗儒的陋习；知古不知今，这是迂儒的陋习；知古与知今，并行不相悖，读书做学问，要古今会通，这才叫通儒。

21. 凡先生之游，以二马二骡载书自随。所至厄塞，即呼老兵退卒询其曲折；或与平日所闻不合，则即坊肆中发书而对勘之。或径行平原大野，无足留意，则于鞍上默诵诸经注疏；偶有遗忘，则即坊肆中发书而熟复之。（《亭林先生神道表·顾炎武手不释卷》）

顾炎武手不释卷的典故主要讲述的是顾炎武求真务实、严谨治学的精神。这段话的大致意思是：凡是顾炎武出外游历，都用二匹马、二头骡子驮着书跟随自己。到了险要的关口，就向退休的差役和老兵打听这里的详细情况；有时与平时听说的不一样，就打开书本，核对校正它。有时直接走在平原旷野，没有什么值得留意的，就在马背上默默地记诵各种经典的注解疏证；有时有所遗忘，就打开书本，仔细认真地反复琢磨。

第二节　立时代之潮头，树德建言

1. 形同草木之脆，名逾金石之坚，是以君子处世，树德建言。(《文心雕龙·序志》)

刘勰将学术研究同人生价值的实现联系起来，认为通过写作可以克服人生的有限性，成就"名山事业"，实现不朽的人生价值。这段话的意思是：同容易速朽的身体相比，名声是可以跨越时空久远流传的，而对知识分子来说，获得不朽声名的适宜方式就是"树德建言"，君子要以文名世、立身。

2. 为天地立心，为生民立命，为往圣继绝学，为万世开太平。(《横渠语录》)

横渠四句出自张载《横渠语录》，横渠一生主张"实学"，强调经世致用。横渠四句是张载为自己哲学所确立的基本宗旨，亦是张载的哲学大纲。"为天地立心"是指为社会建立一套以伦理道德为核心的精神价值系统，简单地说，就是要士人端端正正做一个真正的人；"为生民立命"是指从人与社会关系的角度，阐述人应该如何处事；"为往圣继绝学"是指与往圣先贤一脉相承；"为万世开太平"，太平是中国人根深蒂固的社会理想，张载素有济世之志。这段话的大致意思是：士人就应该为社会重建精神价值，为民众确立生命的意义，为前圣继承已绝之学统，为万世开拓太平之基业。

3. 朱子之注圣经，初非为经生求名计，况倚以选刊时文，教人趋捷径而自牟利乎！……君子出处之节，岂雌黄时文、教人作倚门妆以射书贾之利者所能识邪！(《船山全书·搔首问》)

我们从王船山对朱子之学的肯定态度，可见其对教人明经、进德、修业的经世致用之学术目的的肯定和赞扬。这段话的意思是：朱子注"四书""五经"，目的在揭明"君子出处之节"，教人明经、进德、修业。然而"俗学"却以之为"经生求名"或"教人趋捷径而自牟利"者，以之为倚门之饰或读书求利之途，因此希望通过朱子著作以"骛虚名、牟厚利"者,完全未入朱子之堂奥,甚至为"小人",如此尊崇朱子,不仅不是真正尊崇朱子,反而是对朱子的亵渎和轻慢。

4. 孔席不暇暖,而墨突不得黔。(《争臣论》)

《争臣论》为唐宋八大家之首韩愈所作,是一篇从当时的政治出发、有的放矢的重要论文。《争臣论》针对德宗时谏议大夫阳城,不认真履行自己的职责,身为谏官却不问政事得失的不良表现,对阳城的为人和行事进行直截了当的批评,指出为官者应当认真对待自己的官职,忠于职守,不能敷衍塞责,得过且过。韩愈阐明了他"君子居其位,则思死其官;未得位,则思修其辞以明其道"的主张,这就是韩愈第一次提出"文以明道"的观点。这段话的意思是:自古圣贤不敢独善其身,而一定要普救天下,勤劳不懈,到死方止,所以禹过家门不入,孔子来不及把座席坐暖又继续赶路游说列国,而墨子家烟囱都熏不黑,长年累月奔波在外。这两位圣人、一位贤士,岂会不知道自己的安逸是享乐吗?实在是敬畏上天寄托的责任、同情百姓的困苦。

5. 吾辈须为天地立心,为生民立命。穷则阐往圣之绝诣,以正人心;达则开万世之太平,以泽斯世。(《司牧宝鉴序》)

古人常把"为天地立心"视为士大夫的神圣使命，清人王心敬也有如此言论。王心敬认为阐绝学以正人心、开太平以泽后世等，就是为天地立心，为天地立心是士人非常崇高的使命，所以一般都把立心的主体归为圣人或大人。这段话的大致意思是：我辈学人应当为天地立心，为百姓立命。穷则阐释先圣绝学，以正人心。达则为万世开太平，以惠泽万民。

6. 此心一毫不与斯世斯民相关，便非天地之心，便非大人之学，便是自私自利之小人儒，便是异端枯寂无用之学。（《四书反身续录·二孟续》）

清代关学大儒李二曲指出，天"以生物为心"，故当利济万物，康济群生。作为万物之灵的人，能代天行道，故能体现天地之心，并通过"慈祥利济""仁民爱物"，使万物生机盎然，此即"为天地立心"。所以，那些把仁义推之于天下的种种努力，就是在"为天地立心"。而能"为天地立心"者，乃"大人之学"，如果此心与现世之民众没有一丝一毫的联系，便不是天地之心，便不是大人之学，只不过是自私自利的小人之儒，不过是异端枯燥并毫无意义之学。

7. 鲁叟谈五经，白发死章句。问以经济策，茫如坠烟雾。（《嘲鲁儒》）

《嘲鲁儒》是唐代伟大的浪漫主义诗人李白在唐开元末年初游东鲁时所创作的一首讽刺诗。这首诗以辛辣的笔调，淋漓尽致地刻画了腐儒行动迂阔、装腔作势，只会死读经书、不懂治国之策的迂腐形象，主张读书做学问就应该经世致用，为国家治理和社会发展树德建言，贡献智慧。全诗采用了以古喻今和对比的写法，讽刺辛辣而形象，显示了高超的文学艺术水平。"鲁儒"指鲁地的儒生。"鲁叟"指鲁地的老头子，指鲁儒。"五经"指五部儒家经典，即《诗》《书》《礼》《易》《春秋》。"死章句"指老死于章句之学中。"经济策"指治理国家的方略。这段话的意思是：鲁地儒生谈论《五经》，白发皓首只能死守章句。问他经国济世的策略，茫茫然如同坠入烟雾。

8. 文章合为时而著，歌诗合为事而作。(《与元九书》)

《与元九书》是白居易写给元稹的一篇书信体散文，这篇文章系统、完备地阐述了白居易的诗歌理论与创作思想。白居易从文学同现实的关系着眼，认为文学不是消极地反映社会内容，而应该和当前的政治结合在一起。他从实践经验中体会到要想"救济人病，裨补时阙"，诗歌应发挥其"补察时政，泄导人情"的作用。所以他在与人谈话或读书中"多询时务"，关心时事或现实人生，探讨治国救民的道理。基于这样的认识，在这篇文章中提出了他最具纲领性的创作宗旨"文章合为时而著，歌诗合为事而作"，成为后世研究白居易文学理论最重要的依据。大致的意思是，无论是作文章还是写诗歌，都要为时代立言，发时代之先声，回应时代的关切，要反映社会现实，贴近社会实际。

9. 归老宁无五亩田，读书本意在元元。灯前目力虽非昔，犹课蝇头二万言。(《剑南诗稿·读书》)

陆游的诗歌继承了屈原以来诗人忧国忧民的优良传统，以现实主义风格为主，立足于时代。《读书》虽以读书为题材，但诗人的眼光早已离开书斋这个狭小的空间，他将目光投向于黎民百姓的福祉。"归老宁无五亩田，读书本意在元元。"这两句直抒胸臆，说自己读书是为了黎民百姓。一个"宁无"把诗人内心深处对黎民百姓的牵挂表达得淋漓尽致，也显示出诗人不为五斗米折腰的情操。这段话的大致意思是：归乡隐居的志向就算没有那五亩田园也依然如故，读书的本意原在于黎民百姓。灯下读书，眼神已大不如从前了，却还是阅读完了两万的蝇头小字。

10. 摛文必在纬军国，负重必在任栋梁，穷则独善以垂文，达则奉时骋绩，若此文人，应"梓材"之士矣。(《文心雕龙·程器》)

《程器》的"程"是计量考核的意思，"器"是材器，指具有品德和政治见识的人才,"程器"就是衡量作家的品德修养和政治见识。本篇主要论述了作家的道德品质修养等问题。这段话的大致意思是:写作文章一定要关心国家政治大事,要像国家栋梁一样肩负起为国为民之使命,穷困的时候就独善其身,著书立说垂流后世,显达的时候就听从时代使命的召唤,驰骋天下建立功绩。像这样的文人,应该说就是《尚书·梓材》中所说的士人了。

11. 士之读书者,岂专为利禄而已哉?求得位而行其道以利斯民也。国家所以求士者,岂徒用印绶粟帛富宠其人哉?亦欲得其道以利民也。(《与薛子立秀才书》)

北宋政治家、史学家司马光主张"读书在得道利民"。这段话的意思是:读书要超越一己私利,明大道、求利民,读书既要有高尚的情怀,还要有高远的志向。国家之所以求人才,不是为了让他们享受荣华富贵,而是为了使人才得道而利民。

12. 故虽有其才而无其志,亦不能兴其功也。志者,学之师也;才者,学之徒也。学者不患才之不赡,而患志之不立。是以为之者亿兆,而成之者无几,故君子必立其志。(《中论·治学》)

此段出自徐干的《中论·治学》,学习要树立远大理想和崇高信念，要有坚定的意志和高尚的情怀，才能始终立时代之潮头，树德建言。这段话的意思是：学习中志向与才学的关系重要。学习时拥有坚定的志向很重要，相对来说才学居于次要地位。因此治学的人不必担心才气不足，却应该为没有坚定的志向而担忧。自古至今，治学的人以亿兆数，而学成的人却没有多少，因而君子必定要立定志向。

13. 盖文章，经国之大业，不朽之盛事。(《典论·论文》)

这几句诗出自魏文帝曹丕之手，《典论·论文》是曹丕的代表作，也是我国第一篇文学批评的专论。这几句诗表示写文章是立德、立言、立功三不朽之事，要敢于发声立言，流传百世。这段话的意思是：文章是关系到治理国家的伟大功业，是不朽的盛大事业。曹丕认为人的年龄寿夭有时间的限制，荣誉欢乐也只能终于一身，二者都终止于一定的期限，不能像文章那样永久流传，没有穷期。因此，古代的作者，投身于写作，把自己的思想意见表现在文章书籍中，就不必借史家的言辞，也不必托高官的权势，而声名自然能流传后世。所以周文王被囚禁，而推演出了《周易》，周公旦显达而制作了《礼》，（文王）不因困厄而不做事业，（周公）不因显达而更改志向。

14. 文章自得方为贵，衣钵相传岂是真。（《评东坡山谷四绝》）

此诗出自王若虚《评东坡山谷四绝》，原诗是批评宋代江西诗派的诗歌理论的。江西诗派最讲究化用前人的诗句，并将这种诗文做法标榜为"夺胎换骨""点铁成金"。实际上是主张从立意到语言都要极力模仿前人。这两句可供引用论述诗文创作要意从己出，力求独创，切忌专事因袭，刻意模仿。"文章"指诗歌的文辞。"自得"指自己独创。"衣钵"原义是指佛教僧尼师徒相传的袈裟、钵盂等，后泛指师傅的学问技艺。这两句大意是：诗歌的文辞靠自己悉心揣摩，独创得来才是最可贵的，老是因袭模仿前人，像佛门弟子接受师父传授的衣钵一样，哪里是真功夫？

15. 意匠如神变化生，笔端有力任从横。须教自我胸中出，切忌随人脚后行。（《论诗十绝·之四》）

这段话出自宋代戴复古的《论诗十绝》之四，作者强调写文章、做学问要敢于立时代之潮头、发自己之心声，树德建言。"意匠如神"，意思是在艺术构思时，想象神妙，联想无穷。意匠，指创作过程中的精心构思，语出陆机《文赋》："辞程才以效伎，意同契而为匠。"杜甫《丹青引》："诏谓将军拂绢素，意匠惨淡经营中。""须教自我胸中出"的意思是，诗歌创作必须是自己的肺腑之言、情感自然流露。陆游《次韵和杨伯子主簿见赠》诗云"文章最忌百家衣,火龙黼黻世不知,谁能养气塞天地,吐出自足成虹霓",可以作此句诗的注脚。这段话的大致意思是:写文章或发表意见要直抒胸臆、真情流露,要有自己的思考和建树,不能人云亦云。

第三节　发思想之先声，创立新说

1. 虽复道极数殚，终然相袭，而日新其采者，必超前辙焉。（《文心雕龙·封禅》）

《封禅》是《文心雕龙》的第二十一篇。封禅是古代帝王所谓"功成治定"之后祭告天地的典礼，"封"指祭天，"禅"指祭地。刘勰指出学人写作应该发思想之先声，创立新说，而不是循规蹈矩、亦步亦趋。他主张作者在布局构思时，应当明确它总的体制，学习经典，树立义理，跟好的作品学习行文语言，作品的内容古典但又不因辞深而隐晦，意义深远，文辞语言却有棱角。如果做到了这些，那就是伟大而有创新性的作品了。可是当前的作品却存在很多弊病。这段话的大致意思是：虽说当前有些学人写作方法已经穷尽，但终究是抄袭古人的多，原创的少，但凡要有创新性的思想成果，必定要有能超出前人的地方。

2. 若夫熔铸经典之范，翔集子史之术，洞晓情变，曲昭文体，然后能孚甲新意，雕画奇辞。(《文心雕龙·风骨》)

《风骨》是《文心雕龙》的第二十八篇，是刘勰提出的对文学作品的基本要求，风骨则是对一切作家作品的总的要求，刘勰的风骨论是针对晋宋以来文学创作中过分追求文采而忽于思想内容的倾向提出的，对后世文学创作和文学评论都有一定的影响。全篇分三个部分：第一部分首先说明风骨的必要性，所谓"辞之待骨"；第二部分首论文气，从曹丕、刘桢等人的论述，说明"气"的重要；第三部分讲怎样创造风骨。刘勰认为，必须学习经书，同时也参考子书和史书，进而创立新意奇辞，才能使作品"风清骨峻"，具有较强的感染力量。在这里刘勰强调学术思想要有新意的一条重要的途径就是学习经典，充实史实。这段话的大致意思是：依照经书的规范来熔铸提炼创作，吸取诸子史传创作的方法，洞彻通晓感情的变化，清楚界定文章的体制，然后才能像草木百果萌芽新生一样，创造新颖的文意。

3. 变则其久，通则不乏。趋时必果，乘机无怯。望今制奇，参古定法。（《文心雕龙·通变》）

《通变》是《文心雕龙》的第二十九篇，主要是论述文学创作的继承和革新问题。"通"即"会通"，"变"即"适变"，即革新。"变则其久，通则不乏"，这是文学艺术的一条发展规律。《通变》从"通"和"变"的辩证关系来论述文学的继承与革新不可偏废，这是正确的。刘勰针对当时"从质及讹""竞今疏古"的创作倾向，提出"还宗经诰"的主张，这在当时也是必要的。全篇分三部分：一、讲文学继承和革新的必要；二、讲"九代"文学的继承与发展情况，来说明文学史上承前启后的关系；三、讲文学创作中怎样正确地继承革新。这段话的意思是：做学问只有适应时代变化果断创新，才能持久，善于参考古制学习规律，创作才不贫乏。坚持继承与革新相统一的辩证发展观，有继承有革新，才是"通变"。总体上讲，就是要博览群书并精研细阅，抓住它们的纲领加以吸收，然后开拓创作的道路，掌握关键。

4. 刚柔以立本，变通以趋时。立本有体，意或偏长；趋时无方，辞或繁杂。（《文心雕龙·熔裁》）

《熔裁》是《文心雕龙》的第三十二篇，讨论文学创作中怎样熔意裁辞，"熔裁"和我们今天所说的"剪裁"有某些近似之处，但也有很大的区别。刘勰自己解释说："规范本体谓之熔，剪截浮词谓之裁。"所以，"熔"是对作品内容的规范；"裁"是对繁文浮词的剪截。"熔裁"的工作，从"思绪初发"开始，到作品写成后的润饰修改，是贯彻在整个创作过程之中的。其主要目的，是写成"情周而不繁，辞运而不滥"的作品。全篇分四个部分：第一部分说明什么叫熔裁和熔裁工作在文学创作中的必要性；第二部分论熔意，提出熔意的三条准则；第三部分论裁辞，要求作品做到没有一个可有可无的字句；第四部分举历史上的有关例证，以进一步说明熔意裁辞的必要。"刚柔"，刚健柔婉，指文章的风格体势。"变通"，变化。"趋时"，追随时势，适应情况。这段话的意思是：文章首先要确立写作风格，这是立文之本，在内容选择上要趋时变通，力求新意，既然写作要趋时，因而也就没有固定的程式。

5. 推本得失之原，勉自竭以求合于圣治之本；而就事论法，因其时而酌其宜，即一代而各有弛张，均一事而互有伸诎，宁为无定之言，不敢执一以贼道。（《船山全书·读通鉴论》）

《读通鉴论》是王夫之所著的一部史论。王夫之毕其一生心血，从69岁开始动笔写作，在其逝世前才完成。该书借引司马光《资治通鉴》所载史实系统地评论自秦至五代之间漫长的封建社会历史，分析历代成败兴亡、盛衰得失，臧否人物，总结经验，引古鉴今，探求历史发展进化规律，寻求中国复兴的大道。该书文采飞扬，议论纵横，新见迭出，论点精到，堪称传统史论中最系统最精彩的杰作，同时也全面地反映了王夫之进步的历史观。王夫之有意识地把评史与论政治结合起来。他认为"读古人之书"必须"揣当今之争"，才能"为治之资"。因此王夫之的史论著作不仅贯穿着他的史学思想理论，也渗透了他的政治思想理论。王夫之反对学术上的独断，强调学术也是日生日成、不断创新的过程。这段话的意思是：推论得失之缘由，勉励自己竭尽全力与圣人治理的本质相合；就事论事，因时制宜，不同时代有所张弛，同一事物也有伸有曲，宁肯不作出定论，也不敢执着于某一定论而违背心中之道。

6. 言，我之言也。名，我所称之名也。今人作述，必袭古人之文，官爵郡县，必反今世之名，何其猥而悖也。(《潜书》)

《潜书》原名为《衡书》，是明末清初唐甄创作的哲学著作。意在"权衡天下"，后因自己接连遭遇不幸，改其名为《潜书》，意即"潜存待用"。潘耒评价此书"皆人所不及见、不敢言者。先生独灼见而昌言之，资之深，故信之笃；蓄之厚，故发之果"(《潜书·序》)。唐甄主张写文章不袭古人，要独立思考，贵在创新的精神，使清初的经世致用思想在各个学术领域都别开生面。这段话的意思是：说我自己想说的话，写文章要名副其实。今人作文章，为了高官厚禄，一定要抄袭古人之文，必然与今世之名不符，这是何等的猥琐而荒谬啊！

7. 在乎文章，弥患凡旧，若无新变，不能代雄。（《南齐书·文学传论》）

《南齐书·文学传论》为梁萧子显著。作者在本文中综论诗文，也反映了他的散文美学思想。他指出文学应表达人的思想感情："盖情性之风标，神明之律吕也。"认为文学的表现形式应该是丰富的、多样的："俱五声之音响，而出言异句，等万物之情状，而下笔殊形。"作为一个进步的史学家，他看到了文学自身的不断发展、不断更新，因而提出了变化说。他指出产生变化的原因，不外"才"与"学"两个方面，即所谓"委自天机，参之史传"。把对传统的继承与作家创造才能的发挥结合起来，立说比较深刻。这段话的意思是：写文章，最令人担心的是没有变化，如果文章没有变化创新，就不能成为一代雄文，作者也不能成为一代雄才。

8. 文章体制，与时因革，时世既殊，物象即变，心随物转，新裁斯出。（《曲海一勺·述旨》）

《曲海一勺·述旨》是清代姚华的曲学著作，此书主旨在昌明曲学，较全面系统地论述曲的源流、艺术特点和现实价值等，试图将有关曲学知识系统化。书中强调"文章体裁，与时因革""与谓古胜，宁谓今优"。这段话的大致意思是：文章体例内容，要因时因事而改革创新。不同时代情况不同，物象变了，人们的精神也会随之改变，然后就会有新见迭出的好作品面世。

9. 人闲居时，不可一刻无古人；落笔时，不可一刻有古人。平居有古人，而学力方深，落笔无古人，而精神始出。(《随园诗话》)

《随园诗话》是袁枚宣扬"性灵诗学"的重要载体，也是收录点评当世诗作的前沿阵地。袁枚强调古人创作也要学习，但是不能泥古，要以自己性灵为基本出发点。这段话的大致意思是：平时闲居时要多学习和借鉴古人，一刻也不能没有古人；到了自己动笔之时，一刻也不要有古人的拘束。闲居学习古人，借以厚积学问，自己写作不受古人拘束，这才使自己的风格神韵显示出来。

10. 雪霜春事年年晚，今古诗情日日新。(《再题瓶中梅花》)

《再题瓶中梅花》是南宋诗人范成大创作的一首七言律诗，表达了诗人对于梅花的赞美和对诗歌创作的思考。"雪霜春事年年晚，今古诗情日日新"，这两句表达了诗人对时光流转和文学创作的思考，雪和霜的延迟使得春天的景象晚到，但诗人认为诗情并不受时间的影响，它在今古间不断焕发新意。

11. 道人之所不道，到人之所不到。(《与王霖秀才书》)

《与王霖秀才书》是唐代孙樵创作的一篇散文。贡士王霖两次献呈文章于孙樵，请其品评。孙樵对他的文章直率地提出批评，然后正面地阐述了自己的见解。他认为文章应做到"储思必深，摛辞必高。道人之所不道，到人之所不到，趋怪走奇，中病归正。以之明道，则显而微；以之扬名，则久而传"。他盛赞韩愈等前辈的诗文"莫不拔地倚天，句句欲活。读之如赤手捕长蛇，不施控骑生马，急不得暇，莫可捉搦"。孙樵的这种"矜奇尚怪"、力主创新的文学观点是源于韩愈的，他在信中坦率地说明："樵尝得为文真诀于来无择，来无择得之于皇甫持正，皇甫持正得之于韩吏部退之。"这段话的意思是：作文章要敢于创新，要有新意，要讲出别人所没有讲过的道理，要达到别人所达不到的境界，即要有奇思创解。

第八章
革故鼎新、推陈出新的文明观

在中华优秀传统文化的观念里,人类文明始终呈现出革故鼎新、推陈出新的发展态势。伟大的中华民族在长年累月的农业生产实践中逐渐摸索到了宇宙万物生生不息、日生日成的发展规律,形成了朴素的"发展性""过程性"观念。正如老子所言"道生之,德畜之,物形之,势成之。是以万物莫不尊道而贵德。道之尊,德之贵,夫莫之命而常自然",这是对天之生物、其化不息之生命根本的直接揭示。随着周代以德配天思想的形成和西周末疑天思潮的蔓延,兴起了注重人事的观念,子产强调人道的重要性，老子认为人道应该效法于天道，唐代学者李约《道德真经新注》的解读是："人法地地，法天天，法道道，法自然。"可见人道也是随着人类实践的展开而日日精进。奠基于人道基础上的人类社会的发展进程也是向前的，是渐进性与飞跃性、连续性与间断性的统一，新故相推、日生不滞是中华文明的发展真谛。正如明末清初著名的哲学家王夫之所言，任何社会都会发生演变，最终被新的社会所取代。"未成可成，已成可革"，社会之变首先发生在其内部，是一种渐变，由渐变的积累最终形成质变、巨变，巨变造成社会的根本转变。伟大的中华民族承载着"周虽旧邦、其命维新"的历史使命，从管仲改革、商鞅变法、北魏孝文帝改革，再到王安石新政，均以民为本、以改善民生为宗旨，改革旧制，创立新制，推动着社会和经济的发展与进步。

第一节　天道尚变，仁道精进

1. 尚变者，天道也。（《论议·河图洛书义》）

王安石为了施行变法而首先从哲学上提出了"天道尚变"的宇宙发展观。天、地、人都处于变化之中，没有什么事物是凝固不变的。既然天道在变，人道也应该随之变化。这句话的意思是：事物经常处于变化之中，这是自然界的必然规律。

2. 夫天之生物，其化不息。（《尚书引义·太甲二》）

这是王夫之《尚书引义》中的句子。熊十力曾指出，王夫之哲学的特质有四个方面：尊生，明有，主动，率性。王船山把宇宙看作是生机盎然、永远运动的宇宙，强调自然、社会、人生之变动不居，肯定与时俱进的儒家精神。其"天地之化日新"之精神内涵的动静观、矛盾观及"乾坤并建""两端生于一致"的宇宙观极有创新价值。在《易传》"天地之大德曰生""生生之谓易"的思想影响下，王夫之高扬儒家重"生"的理念，即今日所谓"创造发展"之观念。在解释《益》卦《象》辞"天施地生，其益无方；凡益之道，与时偕行"时，王夫之指出："凡天地之间，流峙动植，灵蠢华实，利用于万物者，皆此气机自然之感为之。"王夫之以简短的笔触描绘了一个生动的宇宙。"天地之间，流行不息，皆其生焉者也"，"天地之大德则既在生矣。阳以生而为气，阴以生而为形"。我国古代的气论是连续的存在论，是机体主义的、大化流行的生命自然观。王夫之将此发展到极致，把人存在的环境乃至整个宇宙，都看成生命盎然的世界。这句话的意思是：造物主在时间的洪流中不断创造万物，生生不息。

3. 天下之有，其始未有也，而从无肇有，兴起舒畅之气，为其初幾。（《周易内传·乾》）

中华民族先祖也曾对宇宙的起源问题孜孜以求，他们信奉从无到有、无中生有的哲学智慧，在地球诞生之初，没有生命、没有动植物，更没有人类。在太阳底下，各种元素、气体和水重新排列组合，逐渐孕育出具有生命的细胞，从单细胞到多细胞，从植物到动物，从无脊椎动物到脊椎动物，最后出现了人类。所有的生命都是天地自然孕育的结果，所以《老子》第四十章中说"天下万物生于有，有生于无"。这段话的意思是：天之道乃从无生有，舒畅之气、变化之幾，自己生成，新旧事物交替变更，不会随着时间的变化而停滞不前。

4. 气者造化之本。有浑浑者，有生生者，皆道之体也。生则有灭，故有始有终。浑然者充塞宇宙，无迹无执。（《慎言·道体篇》）

《慎言》为明代王廷相的著作，其气本论是在总结前人的基础上形成的，尤其是吸收和发展了张载的唯物论思想，他自称他写的《慎言》就是效仿《正蒙》的思想和体例完成的。他认为天地万物都是有形有象的，而作为宇宙本原的元气，则是无形无象的。一切具体事物都有生有灭，而元气则是无始无终、无生无灭的。这段话的意思是：元气乃万物造化之本，元气充斥宇宙，运动变化、聚散而化生万物。这是古代朴素唯物辩证法思想的典型代表。

5. 天尊地卑，乾坤定矣。卑高以陈，贵贱位矣。动静有常，刚柔断矣。方以类聚，物以群分，吉凶生矣。

在天成象，在地成形，变化见矣。(《周易·系辞上》)

　　这是把人类社会的尊卑贵贱与自然的高下分别相比附，以天地、阴阳、乾坤的动静变化来表达其哲学宇宙观。其中，既有理性所认识的实然之理，也有心灵所感悟的应然之理。如天高地下，动静有常，人以类聚、物以群分为实然之理；而尊卑、贵贱、吉凶等为应然之理。接着叙述天地斡流而成万化之神，乾坤错综而生六子之妙。以乾之刚而摩荡坤之柔，以坤之柔而摩荡乾之刚，一刚一柔，相推相荡，鼓之以雷霆而为震。润之以风雨而为巽、坎。日月运动，夫寒暑为坎、离，皆客观的必然性。此段概括《易》推演天地变化的宇宙观。乾坤乃易之门户，先明天尊地卑，以定乾坤之体。天尊地卑之义既列，则涉乎万物，贵贱之位明矣。刚动而柔止，动止得其常体，则刚柔之分著。方有类，物有群，则有同有异，有聚有分。顺其所通则吉，乖离其趣旨则凶。在天形成日月星辰，在地形成山川草木，山泽通气而云行雨施，故变化见矣。

6. 大抵言天地之心者，天地之大德曰生，则以生物为本者，乃天地之心也。地雷见天地之心者，天地之心惟是生物，天地之大德曰生也。(《横渠易说·上经》)

　　张载继承了《易经》"天地絪缊，万物化醇。男女构精，万物化生"的思想，认为天地自然或宇宙的价值在于化生万物，叶采在《近思录集注》中也有"天地以生生为心,圣人参赞化育,使万物各正其性命,此为天地立心也"之句,即天地之心乃生生不息之意,而圣人参赞天地,化育万物,使万物各正性命,就是为天地立心。这段话的意思是:大概说天地之心,即是指天之大德乃是生生不息,所以天地以生长万物为本,这就是天地之心。地雷卦见天地之心象,天地之心即是生长万物,天地之大德即是生生不息。

7. 缛绣起于缇纺,烟霞生于灌莽。(《小窗幽记·集景》)

陈继儒的《小窗幽记》字字句句闪烁出辩证变化发展的智慧与灵秀的光芒。全书以"醒"字开篇,以"情、峭、灵、素、景、韵、奇、绮、豪、法、倩"11字为纲,观大千世界、探生命意蕴。全书始于醒,终于倩,虽混迹尘中,却高视物外;在对浇漓世风的批判中,透露出哲人式的冷隽,其格言玲珑剔透,短小精美,促人警省,益人心智。它自问世以来,不胫而走,一再为读者所关注,其蕴藏的文化魅力,正越来越为广大读者所认识。这段话的意思是,绚丽的锦绣是由橘红色的细绢绣成的,山水胜景是由丛生的草木生成的。意思是万事万物都有自己生息的规律。

8. 维天之命,于穆不已。(《诗经·周颂》)

《诗经》是我国最早的一部诗歌总集,是我国诗歌的生命起点。它收集和保存了古代诗歌305首。《诗经》最初只称"诗"或者"诗三百",到西汉时,被尊为儒家经典,才称为《诗经》。这些诗当初都是配乐而歌的歌词,保留着古代诗歌、音乐、舞蹈相结合的形式,但在长期流传中,乐谱和舞蹈失传,只剩下了诗歌。这两句诗是周成王祭祀周文王之作,即《毛诗序》所谓"大平告文王也"。因文本中有"文王之德之纯""骏惠我文王"等句可证,古今并无异议。但对此诗的产生时间,则汉儒、清儒之说尚有分歧。《周颂·维天之命》是《诗经·周颂》的第二篇,无韵,篇幅不长,充满了恭敬之意、颂扬之辞,赞扬周文王上应天命、品德纯美、德业泽被后代,并告诫后代应当遵其遗教、发扬光大。这段话的意思是:天道运行,美好肃穆永不停息。借天道有序运行、发展变化之景来抒发对周文王至高至上之美德的赞美之情。

9.《康诰》曰:"惟命不于常!"道善则得之,不善则失之矣。(《大学》)

　　《康诰》是西周时周成王任命康叔治理殷商旧地民众的命令。周公在评定三监(管叔、蔡叔、霍叔)武庚所发动的叛乱后,便封康叔故殷地,这个文告就是康叔上任之前,周公对他所作的训辞。这段话的意思是:天命是没有常规的,也不会固定不变,或者说你今天拥有天下不是不可以改变的。《诗经·大雅·文王》中"侯服于周，天命靡常"句与《诗经·大雅·大明》中的"天难忱斯，不易维王"句，指的就是这个道理。"天命靡常"的根本在于统治者是否行善积德，有德就能得天命，无德就会失去天命。因此《楚书》上也说："楚国无以为宝，惟善以为宝。"楚国没有值得称为宝贝的物品，唯有有仁德的善人是楚国的国宝。舅犯曰："亡人无以为宝，仁亲为宝。"《秦誓》曰："若有一介臣，断断猗，无他技；其心休休焉，其如有容。人之有技，若己有之；人之彦圣，其心好之，不啻若自其口出。是能容之，以保我子孙黎民，亦职有利哉！人之有技，冒疾以恶之；人之彦圣，而违之俾不达；是不能容，以不能保我子孙黎民，亦曰殆哉！"这充分体现了周朝统治者在"天命无常"的哲学认知下主张"以德配天"的治理理念。

10. 易者，互相推移以摩荡之谓。……天道之变化、人事之通塞尽焉。……故同道也，失则相易而得，得则相易而失，神化不测之妙，即在庸言庸行一刚一柔之中。大哉，易之为道！天地不能违之以成化，而况于人乎！
（《船山全书·周易内传》）

王夫之关于天道、人及人道的论证，包含这样的理论逻辑：天道为人立法；反之，人之立法是天道的表现。人道并非不可捉摸的自在之物，它蕴含于人的生物与社会属性之内，体现在人类自己的行为与认识之中。人道理论的形成中，包含着一个互动的设计：它既有自在的天道规定性一面，又有通过人及其行动得以生成、表达与实现的一面。这段话的意思是：相互推移摩荡变化即是指易。……《易经》里藏着天道人道之变化的所有道理。……所以天道人道是谓同道，得失互换，神机变化之妙，全在平常的言行一刚一柔之中。易道可真谓大道！天地的变化万千离不开易道，何况人事！

11. 天有春夏秋冬，地有金木水火，人有仁义礼智，皆以四者相为用也。（《朱子语类·理气上》）

天有春夏秋冬四时之变，地有金木水火四种元素，人有仁义礼智之德，都是秉承四个元素相资为用。朱熹认为自然界总是一个变化发展的过程。人的仁义礼智四德，也是一个相互激荡发展的过程。

12. 太史公曰："自初生民以来，世主曷尝不历日月星辰？及至五家、三代，绍而明之，内冠带，外夷狄，分中国为十有二州，仰则观象于天，俯则法类于地。天则有日月，地则有阴阳；天有五星，地有五行；天则有列宿，地则有州域。三光者，阴阳之精，气本在地，而圣人统理之。"（《史记·天官书》）

中华民族为了认识星象、研究天体，很早便人为地把星空分成若干区域，中国称之为星官，西方唤之为星座。中国古代把天空分为三垣二十八宿，最早的完整文字记录见诸《史记·天官书》中。意为太史公评论说：自从有人类以来，君主都是通过推算日月星辰以定历法。三皇五帝更是继承前人的知识，发扬光大。他们对内尽力发展中原文化，对外治理夷狄，分中国为十二州。抬头则观察天象运行法则，低头则取法于地上万物的变化规律。天有日月之分，地有阴阳之别；天有五星的运行，地有五行的交替变化；天有列宿的分布，地有州域的邻接。日月星三光，是地上阴阳的精气上升后形成的，这精气的根源则在地上，所以圣人能够认识和掌握它。这是讲人事之变化源于天地之神化。

13. 夫四时阴阳者，万物之根本也。所以圣人春夏养阳，秋冬养阴，以从其根，故与万物沉浮于生长之门。逆其根，则伐其本，坏其真矣。故阴阳四时者，万物之终始也，死生之本也，逆之则灾害生，从之则苛疾不起，是谓得道。（《黄帝内经·素问》）

《黄帝内经》简称《内经》，是我国现存较早的医学文献典籍。包括《素问》和《灵枢》两部分。全书采用黄帝与岐伯问答的方式，总结古代医家长期的医疗实践，在古代自然辩证哲学思想指导下而成。全面地阐述了中医学理论体系的基本内容，反映了中医学的理论原则和学术思想。其基本主张是阴阳五行是自然界变化的一般规律，是自然万物的一个总纲，是事物发展变化的基础和生长毁灭的根本，是宇宙间无穷尽的变化所在，因此人要适应自然规律，遵循自然规律的变化，这就是岐伯所言："上古之人，其知道者，法于阴阳，和于术数，食饮有节，起居有常，不妄作劳，故能形与神俱，而尽终其天年，度百岁乃去。"这段话的意思是：阴阳四时变化，是万物生长的根本。圣人顺着这个规律，在春夏两季保养心肝，在秋冬两季保养肺肾，以顺应这一养生之道德根本原则，皆能与万物一起在成长的道路上浮游。反之，便会摧残本元，伤损身体。所以说四时阴阳，是万物的终始，死生的本源。违反了它，便会发生灾害，如果顺从，就不会得重病。这就是养生之道。

14. 天地寂然不动，而气机无息稍停；日月昼夜奔驰，而贞明万古不易。故君子闲时要有吃紧的心思，忙处要有悠闲的趣味。(《菜根谭》)

《菜根谭》是明代万历年间的学者洪应明所撰。作者对中国传统文化有很深的理解，并糅合了儒家的中庸、道家的无为、佛家的出世和自身生活的体验，形成了这样一套处世为人的哲学，表现了中国古人对人性、人生和人际关系的独到见解。这段话的意思是：天地的运行看似寂然无声，其实未曾停止过。像日月从东升到西沉，始终不停地奔驰，它们的光辉是永恒不变的。所以，聪明睿智的君子应当效法自然，在空闲的时候也要有所打算，以便应对意想不到的变故，在繁忙之中也要保有一份悠闲的情趣。

15. 仁者，生生之德也。（《孟子字义疏证·道》）

"生生"，在《易·系辞》中有"生生之谓易"句，意指孳息不绝。"生生之德"指自然运行中生命的诞生、完善与和谐的总体趋势，是宇宙演化过程的生态性本质，还是宇宙演化的动力。朱熹认为，仁作为生意普遍地表现于一年四季："春为仁，有个生意，在夏则见其有个亨通意，在秋则见其有个诚实意，在冬则见其有个贞固意。在夏秋冬，生意何尝息！"王守仁也有类似的表达："仁是造化生生不息之理，虽弥漫周遍，无处不是，然其流行发生，亦自有渐。……所以生生不息。"戴震在此基础上进一步确认，"仁者，生生之德也""气化流行，生生不息"是仁。以生生之德为内涵的仁，实际上也是天地万物的本体，既然人也是得天地生物之心为己心的，那么，仁、生生之德、人心三者就是一致的，人心的生意与天地的生意相贯通，生生即孳息不绝、日日精进，也是人的内在德性。

16. 吾教人致良知，在格物上用功，却是有根本的学问。日长进一日，愈久愈觉精明。（《王阳明全集·传习录下》）

《传习录》是中国明代哲学家、宋明道学一派的代表人物王守仁（号阳明）的语录和论学书信。"传习"一词源自《论语》中的"传不习乎"一语。王阳明的"良知"范畴不仅仅是一种道德意识或道德动力，它更是人之为人的根本所在。也在事实上构成了"万物一体"的一"体"之所在,"良知"是人与万物共有的天地之"生意",与此同时,在强调"必然如此,才能生长""必然如此行为,方不失事物之本性"的意思上,"生意"又是万事万物的道理(天理)之总名,从而使"良知"成为了"格物(之理)"之可能性与合法性的担保。这段话的意思是:我教导人致良知,需要在格物上用功,它是有根基的学问。一天比一天有所进步,越长时间就越觉得精明。作为仁道之良知,人们可以在实践中体悟、践履,从而使之日日精进、日日进步。

17. 云收便悠然共游,雨滴便泠然俱清;鸟啼便欣然有会,花落便洒然有得。(《小窗幽记·集景》)

天晴了就出去玩耍,雨来了就让一切变得清洁;鸟儿鸣叫就有所领会,花儿落谢了就有收获。这表面是指物我两得,随心所欲而不逾矩,实际上是劝导人们要因时因事而变化。

18. 夫性者,生理也,日生则日成也。(《尚书引义·太甲二》)

这是明清之际王夫之关于人性论的命题。孔子提出的"成人",是儒家理想人格中的一种,王夫之则对这种理想人格进行了全面且有创见的论述。他通过对《易传》"继善成性"的阐发，提出了"性日生日成"的人性论，把人性的完善视为动态的进程，是在人与自然交互作用中实现的，而人性的发展，是感性欲望满足与德性意识造就的相互统一的过程，这对理学家的"无我"禁欲主义人性论，是强烈的冲击。王夫之以人性论为突破口，把"成人之道"看作是理想人格造就的途径加以考察，并把它置于实践的基础上，在人性发展的过程中使自然物人化，同时又在人化过程中发展了人的本质，这使人向着真善美全面发展的方向行进。

19. 人能弘道，非道弘人。(《论语·卫灵公》)

道是讲宇宙本体，也是众生本性。道家讲，这个道是宇宙万物的本源，所以"道生一，一生二，二生三，三生万物"。佛家也是这样讲，佛家不用道这个字，用自性，也是道。《华严经》上讲一切宇宙现象是"唯心所现，唯识所变"，这里的"心""识"就是宇宙的本体，跟道这个概念相同，是自性所生、所变。人如果能够证得了道，他就是圣人，他跟宇宙万物合而为一了。所以孔子劝导我们志于道。立志要证道，要行道才行，行道就得修德了，所以要据于德，这就是所谓的"志于道，据于德"。"人能弘道"，这个"弘"，是弘扬、显现的意思，即把它彰显出来。如果不彰显它，那我们真的不知"道"。道自己不能弘，道是本自清净、本不动摇，所以要人去弘。因此"人能弘道，非道弘人"。《大学》里面讲："大学之道,在明明德,在亲民,在止于至善。"明明德就是悟道,明德就是道的体现,明德就是性德,佛家也讲"自觉觉他,觉行圆满",这就是大学之道。

第二节　新故相推，日生不滞

1. 新故相推，日生不滞。（《尚书引义·太甲》）

新，即为新生事物，与旧相对。其大致意思是：新旧事物交替变更，不会随着时间的变化而停滞不前。在王夫之的哲学体系中，宇宙在不断发展变化，人类社会也在日日进步。他曾说"天地之化日新。今日之风雷非昨日之风雷，是以知今日之日月非昨日之日月也"（《思问录·外篇》），修正了张载的"日月之形，万古不变"的说法；并且认为这种发展是"新故相推，日生不滞"，是"荣枯相代而弥见其新"（《张子正蒙注·大易篇》），从而得出变化日新、"世益降，物益备"的历史发展观。

2. 日往则月来，月往则日来，日月相推而明生焉。寒往则暑来，暑往则寒来，寒暑相推而岁成焉。(《周易·系辞下》)

中华民族自古就有新故相推、日生不滞的历史发展观，而发展是事物不断前进，由小到大、由简到繁、由低级到高级、由旧物质到新物质的运动变化过程。其根源是事物的内部矛盾。发展是前进的、上升的运动，发展的实质是新事物的产生和旧事物的灭亡。该段文字表达的意思是：日月新故相推，寒暑往来古今，日月运行，季节更替，人类社会发展都是有规律的运动。日月新故相推，使昼夜交替，形成了白昼与黑夜的分别；寒冬和炎夏的运转相互交替，形成了不断发展的历史。

3. 天地之数，或三或五，三百年而小变，千五百年而大变。由轩辕迄桀千五百年，禅让之消，放伐变之。由成汤迄汉千五百年，封建之消，离合变之。由汉迄乎祥兴千五百年，离合之消，纯杂变之。纯以绍合，杂以绍离。纯从同，杂乱异。(《黄书·离合》)

王夫之认为，任何社会都会发生演变，最终被新的社会所取代。社会之变首先发生在其内部，是一种渐变，由渐变的积累最终形成质变、巨变，巨变造成社会的根本转变。在中国历史发展的四大阶段共发生了三大巨变，每次巨变的结果都是前一种制度的消亡，后一种制度的诞生，于是，他得出了三变三消的历史认识。这段话的意思是：理势发展有定数，或者三，或者五，三百年一小变，一千五百年一大变。从轩辕黄帝到夏桀一千五百年，禅让制度消失了，被放逐和征伐代替。由商汤到汉又一千五百年，封建制度消失，又以离合代替。由汉朝到南宋祥兴时，又一千五百年，离合消失，而以纯杂代替。纯以承合，杂以承离。纯使得顺从同一，杂使得变乱离异。

4. 衰减之穷，予而不茹，则推故而别致其新也。由致新而言之，则死亦生之大造矣。（《船山全书·周易外传》）

王夫之从新故相推、日生不滞的哲学角度揭示了生与死的辩证关系，并进一步确证了生与死的价值与意义，因而主张人们对待生与死应该持顺与宁的态度："盖其生也异于禽兽之生，则其死也异于禽兽之死，全健顺太和之理以还造化，存顺而没亦宁。"由于事物不断推故致新，整个宇宙充满生气，旧事物的消亡，孕育着新事物的诞生。宇宙中的生命是一个已消、且息的过程，因而人们对待生死，应该坦然面对，既爱惜生，又不畏惧死，不为生死问题所牵累。

5. 有阴有阳，新故相除者，天也；有处有辨，新故相除者，人也。（《字说》）

这是北宋王安石提出的哲学命题。王安石的这一思想来源于《易传》。《周易·杂》云:"革,去故也;鼎,取新也。"王安石继承和发展了这一思想,把"去故取新"的新陈代谢看作自然界与人类社会的普遍原则,并力图用矛盾对立予以解释。他认为,阴阳是自然界两种根本性的对立的物质或势力。阴,"其性静";阳,"其性动"(《临川集·议郊祀坛制札子》)。自然界中,存在着阴、阳对立,因而推动着旧事物向新事物转化。王安石认为,人应当"法天"行事,人取法阴静而有"处",取法阳动而有"辨"。人"有处有辨"因而能够自觉地促成社会领域的"新故相除"。新故相除是王安石变法思想的理论基础。他认为,社会领域中的事物,随着时间的变化,所遭之变、所遇之势的不同,也会发生变化,人之举措设施必须与事变之前有别。即使圣人制定的礼、法等具体规范,亦会"久必弊"。因此后人对先王制定的礼、法不能恪守不变,必须加以损益,使之不断更新,以适应变化了的客观形势,故他说:"天下事物之变,相代乎吾之前,如吾知恒而已,则吾之行有时而不可通矣。是必度其变而时有损益而后可,故君子不可以不知损益。"

6. 芳林新叶催陈叶,流水前波让后波。(《乐天见示伤微之、敦诗、晦叔三君子皆有深分因成是诗以寄》)

本句出自是刘禹锡的诗。白居易感伤好友元稹(字微之)、崔群(字敦诗)、崔玄亮(字晦叔)相继去世,写了两首绝句给好友刘禹锡，刘禹锡看到诗后，写了一首诗作为回应。"芳林新叶催陈叶，流水前波让后波"句为全诗的颈联，乃千古名句，最能体现刘禹锡的哲学思想。本义指春天里，茂盛的树林新长出的叶子，催换着老叶、旧叶；江河中，奔腾的流水前面的退让给后起的波浪。这里"陈叶""前波"可指微之、敦诗、晦叔等已经去世的好友，也可指旧事物；"新叶""后波"可指"晚辈"亦可指新事物。这一联至少包含了这些哲学思想：其一是新事物的产生、旧事物的消亡有它的客观必然性，是不以人的意志为转移的，体现了刘禹锡能够以发展的眼光来看问题。其二是既然规律是不以人的意志为转移的，我们就要顺应、利用规律。人不能创造规律，也不能消灭规律。刘禹锡有感于友人的去世，悲痛之余，他想到的也许就是尊重逝者、善待生者，以及生者应该珍惜生命好好地活下去。其三是没有陈叶就不会有新叶，没有前波亦不会有后波，新旧事物不是绝然对立的，新事物中包含了旧事物中的优秀成分，旧事物中孕育了新事物的某些基因，二者是辨证统一的关系。

7. 洪荒无揖让之道，唐、虞无吊伐之道，汉、唐无今日之道，则今日无他年之道者多矣。(《船山全书·周易外传》)

中国的文化传统注重阐释经典的微言大义，以"我注六经"的方式达到"六经注我"的目的。《周易外传》，就是王夫之对《周易》思想的阐释和发挥，其中包含了许多王夫之的哲学观，是反映船山哲学思想的重要著作之一。由于《系辞上》在《周易》中本来就是重要的篇章，因而《系辞上传》第十二章也就成为《周易外传》的重要篇章，是治中国哲学史、思想史者的必读原著和史料。这段话的表面意思是：洪荒时期没有揖让之道，唐虞没有征伐之道，汉唐没有今日之道，今日也没有他年之道。王夫之从器与道的辩证关系层面，揭示了人类社会新故相推、日生不滞的发展态势。一方面，王夫之从理论上辨析了道与器、形而上与形而下之间的关系，从而确立了以"器"为本的唯物主义观点。对道、器关系，王夫之认为"天下惟器而已矣，道者器之道，器者不可谓之道之器也"，"无其器则无其道"。另一方面，王夫之通过对以往唯心主义哲学思潮的批判，进一步明确了他的重"器"、重"形"的唯物主义观点，他反驳老子的"道在虚"，认为"虚亦器之虚也"；他反驳佛教的"道在寂"，提出"寂亦器之寂也"；他批评王弼的"筌非鱼，蹄非兔"，指出"两器不相为通，故可以相致而可以相合"；他批评玄学家的"得言忘象，得意忘言"，认为这种观点固然可以克服囿于象数而不知易理的弊端，却忽视了"器""形"，因而"于道则愈远矣"。

8. 中国之天下，轩辕以前，其犹夷狄乎！太昊以上，其犹禽兽乎！禽兽不能全其质，夷狄不能备其

文。……所谓饥则呴呴，饱则弃余者，亦植立之兽而已矣。(《思问录·外篇》)

　　王夫之认为人自身的发展也是一个新故相推、日生不滞的过程，最早的人类本质上与禽兽无异，正所谓"人之异于禽兽无几也"，即便轩辕之后，也是"衣裳未正，五品未清，婚姻未别，丧祭未修"的野蛮阶段，还未能进入到华夏文明阶段。王夫之认为历史是不断发展的，现代的文明也是从直立之兽发展而来的。王夫之的这段话，是他那个时代相当大胆惊人的假说，放在当时全世界范围来看，也是最为先进的而且相当具有独创性和前瞻性的思想。王夫之从人与禽的关系视角，指出人类文明的连续性发展与间断性辩证存在的可能性。华夷之辨是华夏文明与野蛮文明之辨，中国传统观念里的"华夷之辨"，从来排斥的不是其他文明中优秀的先进的东西，恰恰相反，排斥抵制的是野蛮的落后的东西，对文明，哪怕是来自再遥远的地方的其他文明，中国都是抱着开放的态度来接纳和吸收的。这段话的意思是：中国天下，轩辕之前，不也犹如夷狄一样野蛮么！太昊伏羲氏以前，不也像禽兽一样么！禽兽没有完整的人类道德，夷狄不能有完整的礼仪。……饿了就叫，饱了就把多余的食物丢弃，也不过就是直立之禽兽而已。

9. 天下之势，一离一合，一治一乱而已。……三代而下，吾知秦、隋之乱，汉、唐之治而已；吾知六代、

五季之离，唐、宋之合而已。(《读通鉴论·齐武帝》)

　　王夫之是一个自觉地从中国历史发展的进程来观察社会、认识历史的人。王夫之将数千年的中国古代历史视为一个整体，力图从中发现历史的演变规律。实际上，对人类自身历史发展变化规律的探讨，是很多历史学家追求的共同目标。中国古代有邹衍的五德终始说、孟子的治乱循环说、宋人的离合说等等，但这些观点基本上都属于历史循环说范畴，五德循环、治乱相承、离合相继，都没有走出循环论的怪圈。王夫之对这些循环论进行了批判，并且提出了独具慧眼的历史发展阶段论，这是他对史学认知的重要贡献。王夫之指出，秦汉以后，中国历史再次发生变化，郡县制取代分封制，官吏选举代替世袭，中央集权的大一统代替分封的天下共主制，"郡县之天下，统中夏于一王"。由南宋末蒙古族入主中原以降，中国历史在汉族与少数民族的交替统治中变化，王夫之称之为纯杂社会。"靖康之祸，延乎蒙古，凡二百余年，至洪武而始定。"其后则是清入关灭大顺政权，继明统治天下。一纯一杂，相互交替。"夷狄之势，一盛一衰，必然之数也。"天下国家就是在一离一合、一治一乱之中新故相推、日生不滞，向前发展。

第三节　周虽旧邦，其命维新

1. 文王在上，於昭于天。周虽旧邦，其命维新。有周不显，帝命不时。文王陟降，在帝左右。

文王孙子，本支百世，凡周之士，不显亦世。世之不显，厥犹翼翼。思皇多士，生此王国。

殷之未丧师，克配上帝。宜鉴于殷，骏命不易！命之不易，无遏尔躬。宣昭义问，有虞殷自天。上天之载，无声无臭。仪刑文王，万邦作孚。(《诗经·大雅》)

以上三段文字出自《大雅·文王》，这是一组歌颂文王之德的著名诗篇，据传是文王之子周公所作。所谓《大雅》，按照《诗大序》的传统说法，"雅者，正也，言王政之所由废兴也。政有小大，故有《小雅》焉，有《大雅》焉"。《大雅》的内容多是歌颂周王室祖先的盛德与功绩，唐代陆德明称其"皆国之大事"，由此可以窥见王政的兴衰得失，深为历朝历代的统治者所镜鉴。这几段文字表达的意思是：文王得天命兴邦，福泽子孙宗亲，周朝人才众多得以世代繁衍昌盛，而天命无常，子孙后代要以殷为鉴，敬天修德，效法文王。很显然，在这个诗篇里，对文王的称颂和礼赞已经没有古代典籍中常见的那种过于神幻和超自然的色彩，而是以一种严肃的道德化的眼光来审视和描述这位奠定了周朝八百年基业的姬姓祖先。在周人看来，文王之所以能够兴周翦商，他的德行固然是一个重要因素，但另一个不容忽视的因素是文王乃至周人历代先祖抱定和笃守的"周虽旧邦，其命维新"进取精神。从文王之父季历被害，到文王之子伯邑考被杀，以及文王自身被囚于羑里险遭不测，周人始终秉持着"周虽旧邦，其命维新"的信念，以"天行健，君子以自强不息"的品格互相砥砺，最终在武王之际克商建周，实现了新天下之耳目的使命，揭开了"郁郁乎文哉"的宗周礼乐文明璀璨篇章。

2. 天地革而四时成，汤武革命，顺乎天而应乎人，革之时大矣哉！(《周易·革》)

在中国古代，顺天应人构成了变革的内在合理性，也是衡量变革的尺度所在，深为大多数统治者所认可和接受。但是，在具体的实施过程中，改革也会被统治者的一己之好恶所左右，导致无法达到良好的效果。如王莽新政，因为他竭力复古，一意孤行，"每有所兴造，必欲依古得经文"，使得很多改制举措流于空想，严重脱离了具体实际，既不顺天，也不应人，最终落得事与愿违。汤武革命指的是商朝开国国君商汤灭夏的战争。《周易·革》中有"汤武革命，顺乎天而应乎人"的名言，这里所说的"汤"，就是中国历史上第二个统治王朝的开基者——商汤天乙。他曾经领导商部族和其他诸侯反抗夏王朝最后一个统治者"桀"，运用战争的暴力手段，一举推翻垂死腐朽的夏王朝，建立起新的统治秩序。而"武"则是指周武王，他领导商王朝的诸侯国周推翻了商纣王的统治，建立了新的王朝"周"。这两次王朝更迭合称为"汤武革命"。中国古代把改朝换代说成是天命的变革，所以称为"革命"。这段话主要是指汤、武革命是顺天应人，因而取得了伟大胜利，顺利地承继了新的伟大历史使命。

3. 天命玄鸟，降而生商，宅殷土芒芒。古帝命武汤，正域彼四方。(《诗经·商颂》)

《玄鸟》是殷商后代宋国祭祀其祖先武丁的乐歌。"天命玄鸟"的传说是原始商部族的起源神话。"玄鸟"，是指黑色燕子。传说有娀氏之女简狄吞燕卵而怀孕生契，契建商。诗中写商的"受天命"治国，写得渊源古老，神圣庄严，气势恢宏，生动地诠释了商汤顺天应人进行革命而承继为天地立心、为生民立命的旧邦新命。这段话的意思是：上天派来神玄鸟，飞临人间生商王，商的驻地好地方，碧野茫茫疆域广。古时上帝命成汤，征服四海理四方。

4. 文王既勤止，我应受之。敷时绎思，我徂维求定。时周之命，於绎思！（《诗经·周颂》）

《周颂·赉》就是周武王在告庙仪式上对所封诸侯的训诫之辞。封诸侯是西周初年巩固天子统治的重大政治举措。此诗首先指出父亲文王勤于政事的品行，表示自己一定以身作则。接着指出天下太平是他所追求的大目标，为了达到这一目标，他告诫所有诸侯都必须牢记文王的品德，不可荒淫懈怠。诗歌与其说是追封赏赐功臣，不如说是指出了当时及其后的施政总方向：使国家走向安定。周朝之命运在于"敷时绎思"。周武王在执政中也确实是这样做的，在封赏之时就开始布置以后的任务，总是走在人前，用简单几句话，就已把定国家大计，从容不迫，不慌不忙，看似无为，其实有为在先。

5. 於皇时周！陟其高山，嶞山乔岳，允犹翕河。敷天之下，裒时之对，时周之命！（《诗经·周颂》）

这段话出自《周颂·般》。《周颂·般》是周武王巡狩祭祀山川的乐歌，诗篇充溢着对周王朝"溥天之下，莫非王土；率土之滨，莫非王臣"的强盛国力和广阔疆域的颂美，亦是对周王朝旧邦新命的赞叹。全诗以叹词"於"发端，接以形容词"皇"，而将该句的主语"时周"置于其后。"啊！多么壮阔啊，我们大周王朝！"先声夺人，语气极为强烈，有摄人心魄的千钧之力。作为祭祀山川的乐歌，诗人在对周王朝发出由衷的赞美后，便接写祭祀时登山所见。这里，隋山乔岳尽收眼底，沇沇入河，气势苍茫。在饱览王朝山河的壮丽景色之后，诗人不由得再一次被周王朝疆界的广袤无垠所震慑，又一次发出衷心的赞叹之声："敷天之下，裒时之对，时周之命！"既赞美了周王朝疆域的广阔，又描绘出天下诸侯无不承受周命的大一统景象。至此，诗篇在一片叹美声中结束。

6. 绥万邦，娄丰年，天命匪解。桓桓武王，保有厥士，于以四方，克定厥家。於昭于天，皇以间之。(《诗经·周颂》)

这首诗出自《周颂·桓》。近现代学者一般认为此诗是《大武》中的一个乐章的歌辞，《大武》原作于武王伐纣成功告庙之时。《周颂·桓》这首诗的前三句，是以"绥万邦，娄丰年"来证明天命是完全支持周朝的。"娄丰年"在农耕社会对赢得民心起着举足轻重的作用，百姓对能致物阜年丰的王朝总会表示拥护；而获得农业丰收,在上古时代离不开风调雨顺的自然条件,"娄丰年"便理所当然地成为天意的象征。中间四句歌颂英勇的武王和全体将士,并告诉全体诸侯,武王的将士有能力征服天下、保卫周室。叠字词"桓桓"领出整段文字,有威武雄壮的气势,而"于以四方"云云,与首句"绥万邦"上下绾合,一强调国泰民安,一强调征服统治,而都有周室君临天下的自豪感。最后两句是祷告上苍,让天帝来作证,以加强肯定,同时也是对第三句"天命匪解"的呼应。诗的核心就是扬军威以震慑诸侯,从而达到树立周天子崇高权威的目的。

7. 有命自天,命此文王,于周于京。缵女维莘,长子维行,笃生武王。保右命尔,燮伐大商。(《诗经·大雅》)

此段出自《大雅·大明》,这是周部族的史诗性颂诗,当是周王朝贵族为歌颂自己祖先的功德、宣扬自己王朝的开国历史而作,歌颂周王朝顺承天意、负新命之辉煌。《毛诗序》云"《大明》,文王有明德,故天复命武王也",此诗与《大雅·生民》《大雅·公刘》《大雅·绵》《大雅·皇矣》《大雅·文王》诸篇相联缀,俨然形成一组开国史诗。从始祖后稷诞生、经营农业,公刘迁豳,太王(古公亶父)迁岐,王季继续发展,文王伐密、伐崇,直到武王克商灭纣,可以说是把每个重大的历史事件都写到了,所以研究者多把它们看作一组周国史诗。朱熹说《大雅·大明》和《大雅·文王》篇一样,"追述文王之德,明周家所以受命而代商者,皆由于此,以戒成王"。这首诗的大致意思是:上帝有命正从天而降,天命降给这位周文王,在周原之地京都之中。又娶来莘国姒家姑娘,长子虽然早早已离世,幸还生有伟大的武王。皇天保佑命令周武王,前去讨伐那残暴的殷商。

8. 於皇武王!无竞维烈。允文文王!克开厥后。嗣武受之,胜殷遏刘,耆定尔功。(《诗经·周颂》)

《周颂·武》是一首歌颂周武王克商取得胜利的乐歌,整首诗气势高远宏大,是颂诗中的上品。它主要记述了在周朝开创者周文王厚德引领下,周武王进行大刀阔斧的社会革命的恢宏气象。武王伐商,诗中声称是为了"遏刘",即代表天意制止暴君的残杀,拯民于水火。诗的最后三句,直陈武王继承文王遗志伐商除暴的功绩。大意是:我的先祖伟大的武王,丰功伟绩没有人超过。当然文王的功德确实很高,开创了一代基业建立周朝。后继者先祖武王奉天承命,打败商王朝从此天下太平,奠定了不朽的丰功伟绩!

**9. 管仲既用,任政于齐,齐桓公以霸,九合诸侯,一匡天下,管仲之谋也。……管仲既任政相齐,以区区之齐在海滨,通货积财,富国强兵,与俗同好恶。故其称曰:"仓廪实而知礼节,衣食足而知荣辱,上服度则六亲固。四维不张,国乃灭亡。下令如流水之原,令顺民心。"故论卑而易行。俗之所欲,因而予之;俗之所否,因而去之。(《史记·管晏列传》)

管仲改革,又称管仲变法,是指春秋时期齐国国相管仲针对齐国小而穷的现状,在齐国实施的一系列改革。管仲提出并执行了一系列社会改革政策,从而使齐国富强起来。管仲改革中"相地而衰征"的实质即承认土地私有,从而加剧了奴隶制度的瓦解。这段话的意思是:管仲被任用后,执掌齐国的政事,齐桓公的霸业因此取得成功,九次会集诸侯,使天下一切得到匡正,都是根据管仲的计谋。……管仲在齐国执任相,使地处海滨的小小齐国流通货物,积聚财帛,富国强兵,与百姓同好恶。他宣称:"仓库充实了,人才知道礼义廉耻,衣食富足了,人才懂得荣誉和耻辱,君主如能带头遵守法度,那么父母兄弟妻子之间便会亲密无间。礼义廉耻得不到伸张,国家就要灭亡。国家颁布的政令像流水的源泉一样畅通无阻,是因为它能顺应民心。"因为道理浅显,容易实行。百姓所要求的,就顺应他们的愿望提供给他们;百姓所反对的,就顺应他们的愿望抛弃它。

10. 孝公既用卫鞅,鞅欲变法,恐天下议己。卫鞅曰:"疑行无名,疑事无功。且夫有高人之行者,固见非于世;有独知之虑者,必见敖于民。愚者暗于成事,知者见于未萌。民不可与虑始，而可与乐成。论至德者不和于俗，成大功者不谋于众。是以圣人苟可以强国，不法其故；苟可以利民，不循其礼。"……"三代不同礼而王，五伯不同法而霸。"……居五年，秦人富强，天子致胙于孝公，诸侯毕贺。(《史记·商君列传》)

商鞅变法是指战国时期秦国秦孝公支持商鞅进行的一次较为彻底的封建化变法改革运动。商鞅说服秦孝公进行社会变革，使秦国成为战国七雄之首。这段话的大致意思是，孝公任用卫鞅准备变法，但秦孝公担心天下非议自己。卫鞅劝说道："做事犹豫不定就不会成功。那些有过人之举的人，本来就会被世俗所非难；有独到见识的谋划者，必定会被百姓所讥讽。愚蠢的人对已经完成的事情都感到困惑，智慧的人对没有发生的事情都能预见。百姓不可以同他们谋划事业的创始，只可以同他们欢庆事业的成功。讲论至高道德的人不符合世俗，成就伟大功绩的人不征询民众。因此圣人如果可以强国，就不袭用成法；如果可以利民，就不遵循旧礼。"……"三代不同礼教而成就王业，五伯不同法制而建立霸业。"……经过五年，秦人国富兵强，周天子赠送祭肉给秦孝公，诸侯都来祝贺。

11. 魏主欲变北俗，引见群臣，谓曰："卿等欲朕远追商、周，为欲不及汉、晋邪？"……帝曰："然则当变风易俗，当因循守故邪？"对曰："愿圣政日新。"……

帝曰："然则必当改作，卿等不得违也。"对曰："上令下从，其谁敢违！"……"今欲断诸北语，一从正音。其年三十已上，习性已久，容不可猝革。三十已下，见在朝廷之人，语音不听仍旧。若有故为，当加降黜，各宜深戒。"（《通鉴纪事本末·魏迁洛阳》）

孝文帝拓跋宏是北魏的第七位皇帝，也是一位少年皇帝。新生的北魏政权面临历史的抉择：是保持原有的部落血缘体系，维护本族旧俗，还是融入汉魏以来的中原政治传统，转型为中原王朝？站在历史风口上的孝文帝做出了自己的选择，也将北魏卷入了冲突与交融的场域之中。北魏孝文帝以坚定的决心和极大的勇气颁行了一系列涉及政治、经济、文化、社会生活等方面的改革措施，开启了鲜卑族全盘汉化的道路。改革的主要内容有迁都洛阳、改换籍贯、易汉服、说汉话、改用汉姓、结汉亲等。这段话是想要推行改革的孝文帝与群臣的对话。意思是，孝文帝想要改变北魏人民的习俗而从汉，召见群臣，说："众卿相要我效法商周，为何不要我学习汉晋呢？"……"我们应当变风易俗，还是应当因循守故呢？"群臣回答说："愿圣王的政治日新。"……孝文帝说："那么我们必须革新，众卿不能反对。"群臣回答："上令下从，其谁敢违。"……"今天我想停止北语，学说汉语。三十岁以上的人，习性已久，可以不马上改音，三十岁以下的人，见人如果仍是旧音，如果故意为之，则降低官爵，各位好自为之。"

12. 于是上万言书，以为："今天下之财力日以困穷，风俗日以衰坏，患在不知法度，不法先王之政故也。法先王之政者，法其意而已。法其意，则吾所改易更革，不至乎倾骇天下之耳目，嚣天下之口，而固已合先王之政矣。因天下之力以生天下之财，收天下之财以供天下之费，自古治世，未尝以财不足为公患也，患在治财无其道尔。……愿监苟且因循之弊，明诏大臣，为之以渐，期合于当世之变。……"后安石当国，其所注措，大抵皆祖此书。（《宋史·王安石列传》）

王安石变法是宋神宗时期旨在改变北宋建国以来积贫积弱局面的一场社会改革运动，变法自熙宁二年（1069）开始，至元丰八年（1085）宋神宗去世结束，故亦称熙宁变法、熙丰变法。北宋王安石变法，一定程度上改变了北宋积贫积弱的局面，充实了政府财政，提高了国防力量，对封建地主阶级和大商人非法渔利也进行了打击和限制。这段话的大致意思是：王安石向仁宗上万言书，请求变法改革，说："如今天下的财力一天比一天困难穷乏，风俗一天比一天衰落败坏，症结在于不知道规律，不效法先王政令的缘故。效法先王政令，在于效法先王政令的精神。只要效法先王政令的精神，我们所进行的改革变法，既不至于惊扰天下人的视听，也不至于引起天下人的喧哗，也就必然合乎先王的政令了。依靠天下的人力物力来生产天下的财富，征收天下的财富来供给天下的费用，自古代以来的太平治世，不曾因为财富不足而造成国家忧患，忧患在于没有掌握治理财富之道。……我希望陛下能明察朝中苟且因循的弊病，明文诏令大臣，逐渐革除这些弊病，以期符合当前世事的变化。……"后来王安石执政时，他所施行的政策措施，大多是根据这份万言书执行的。

13. 居正劝帝遵守祖宗旧制，不必纷更，至讲学、亲贤、爱民、节用皆急务。(《明史·张居正列传》)

闻帝王之治天下，有大本，有急务；正心修身，建极以为臣民之表率者，图治之大本也；审几度势，更化宜民者，救时之急务也。大本虽立，而不能更化以善治，譬之琴瑟不调，不解而更张之，不可鼓也。恭惟我皇上，践祚以来，正身修德，讲学勤政，惓惓以敬天法祖为心，以节财爱民为务：图治之大本，即以立矣。但近来风俗人情，积习生弊，有颓靡不振之渐，有积重难反之几，若不稍加改易，恐无以新天下之耳目，一天下之心志。(《陈六事疏》)

尚书李日宣等言："故辅居正，受遗辅政，事皇祖者十年。肩劳任怨，举废饬弛，弼成万历初年之治。其时中外乂安，海内殷阜，纪纲法度莫不修明。功在社稷，日久论定，人益追思。"(《明史·张居正列传》)

张居正改革，是指明神宗时期内阁首辅张居正为挽救明王朝，缓和社会矛盾，在政治、经济、国防等各方面进行的一场变法革新运动。改革自万历元年（1573）开始，至万历十年（1582）张居正去世结束。改革主要涉及兴修水利、清丈土地、一条鞭法等，张居正改革是明朝中后期一次自上而下的改良运动，在一定程度上解决了明朝的财政危机，澄清了吏治，缓和了阶级矛盾，促进了国家经济发展，减轻了农民负担。由于懂得人性的弱点，张居正在公开场合，从未说到变法、改革、创新等词，一直在刻意回避着，为了掩人耳目，他选用尊祖制、遵守成宪的幌子来进行变法改革。这几段话的意思是：张居正劝说皇帝遵守祖宗传下来的各项制度，不要轻易改动，至于讲学、接近德行好有才能的人、爱护百姓、节省用度都是急切需要做的事。听说帝王治理天下，有根本，有急务。正心修身，登基作为万民的表率，这是想办法治理国家的根本。审时度势，改革使民众安定，这是匡救时弊的急务。根本虽然已立下，然后却不能改革以良好的治理，就像琴瑟不调，不解开而更换琴弦，则无法奏乐。称颂我皇上，登基以来，正身修德，讲学勤政，念念以敬畏上天、效法祖宗为心，以节约钱财、体爱百姓为务：治理国家的根本已经立下了。但近来在风俗人情上，累积了很多习俗，生出了很多弊病，有颓废萎靡不振作的趋势，有积重难返的苗头，这不稍加改革变化，恐怕无以更新天下人的耳目，统一天下人的心志。尚书李日宣等说："前首辅张居正，受皇帝临终嘱托辅助国家政务，跟随神宗十年。任劳任怨，把废弃了的制度兴举，整顿松弛的政体，使万历初年稳定，当时中外太平无事，国内民生富裕物质充足，伦理道德、法律制度都很昌明。功在国家，日久定论，人们更加怀念他。"

参考文献

［1］班固.汉书[M].北京：中华书局，2012.

［2］陈戍国,点校.四书五经[M].长沙：岳麓书社，2002.

［3］程颢,程颐.二程集[M].北京：中华书局，1981.

［4］陈继儒.小窗幽记[M].北京：中华书局，2016.

［5］陈亮.陈亮集[M].上海：上海古籍出版社，2022.

［6］戴震.孟子字义疏证[M].北京：中华书局，2018.

［7］方韬,译注.山海经[M].北京：中华书局，2011.

［8］范晔,著.李贤,注.后汉书[M].北京：中华书局，2000.

［9］房玄龄,褚遂良,许敬宗,等.晋书[M].北京：中华书局，2000.

[10] 洪应明. 菜根谭 [M]. 北京：中华书局，2022.

[11] 黄石公. 素书 [M]. 北京：北京联合出版公司，2015.

[12] 黄宗羲，著. 段志强，译注. 明夷待访录 [M]. 北京：中华书局，2011.

[13] 贾思勰. 齐民要术 [M]. 上海：上海古籍出版社，2009.

[14] 黎靖德，编. 王星贤，点校. 朱子语类 [M]. 北京：中华书局，2020.

[15] 刘勰，著. 王志彬，译注. 文心雕龙 [M]. 北京：中华书局，2012.

[16] 刘昫，等. 旧唐书 [M]. 北京：中华书局，2000.

[17] 李世英. 唐宋诗歌导读 [M]. 北京：中国社会出版社，2005.

[18] 欧阳修，宋祁. 新唐书 [M]. 北京：中华书局，2000.

[19] 司马迁. 史记：全10册 [M]. 北京：中华书局，2014.

[20] 司马光，编著. 胡三省，音注. 资治通鉴 [M]. 北京：中华书局，2013.

[21] 沈括. 梦溪笔谈 [M]. 西安：三秦出版社，2018.

[22] 宋应星. 天工开物 [M]. 广州：广东教育出版社，2011.

[23] 宋濂. 元史 [M]. 北京：中华书局，2000.

[24] 石磊，译注. 商君书 [M]. 北京：中华书局，2009.

[25] 沈约. 宋书 [M]. 北京：中华书局，2000.

［26］苏轼.苏东坡全集［M］.北京：中华书局，2021.

［27］脱脱，等.宋史［M］.北京：中华书局，2000.

［28］脱脱，等.辽史［M］.北京：中华书局，2000.

［29］脱脱，等.金史［M］.北京：中华书局，2000.

［30］王安石.王安石文集［M］.北京：中华书局，2021.

［31］王守仁.王阳明全集［M］.上海：上海古籍出版社，2011.

［32］魏徵.隋书［M］.北京：中华书局，2000.

［33］王弼，著.楼宇烈，校释.周易注校释［M］.北京：中华书局，2012.

［34］王秀梅，译注.诗经［M］.北京：中华书局，2006.

［35］魏收.魏史［M］.北京：中华书局，2000.

［36］王夫之.船山全书：第1—16册［M］.长沙：岳麓书社，2011.

［37］王廷相，著.王孝鱼，点校.王廷相集［M］.北京：中华书局，1989.

［38］徐光启.农政全书［M］.长沙：岳麓书社，2002.

［39］萧子显.南齐书［M］.长沙：岳麓书社，1998.

［40］姚春鹏，译注.黄帝内经［M］.北京：中华书局，2022.

［41］袁了凡.了凡四训［M］.上海：上海古籍出版社，2023.

［42］张载，著.章锡琛，校.张载集［M］.北京：中华书局，2012.

［43］张廷玉.明史［M］.北京：中华书局，2000.